VOLLKOMMENE
Fragen
VOLLKOMMENE
Antworten

Andere Werke von His Divine Grace
A. C. Bhaktivedanta Swami Prabhupāda

Bhagavad-gītā wie sie ist

Śrīmad-Bhāgavatam (Canto 1–10.1)

Śrī Caitanya-caritāmṛta

Śrī Īśopaniṣad

Kṛṣṇa – Die Quelle aller Freude

Der Nektar der Hingabe

Der Nektar der Unterweisung

Die Lehren Śrī Caitanyas

Die Lehren Königin Kuntīs

Die Lehren Śrī Kapilas

Die Schönheit des Selbst

Leben kommt von Leben

Bewusste Freude

Im Angesicht des Todes

Bhakti-Yoga – Der Pfad des spirituellen Lebens

Jenseits von Raum und Zeit

Bhakti – Der Wandel im Herzen

VOLLKOMMENE *Fragen* VOLLKOMMENE *Antworten*

Gespräche zwischen

His Divine Grace

A. C. Bhaktivedanta Swami Prabhupāda,

Gründer-Ācārya der Internationalen Gesellschaft für Krishna-Bewusstsein,

und **Bob Cohen,**

einem Entwicklungshelfer in Indien

THE BHAKTIVEDANTA BOOK TRUST

Für weitere Informationen, Buchbestellungen oder
eine vollständige Liste aller Tempel und ISKCON-Projekte
im deutschsprachigen Raum wenden Sie sich bitte an:

DEUTSCHLAND

ISKCON Deutschland-Österreich e. V.
Aarstrasse 8, 65329 Burg Hohenstein
Tel. +49 (0)6120 90 41 07
info@iskcon.de • www.iskcon.de

SCHWEIZ

Sankirtan-Verein
Bergstrasse 54, 8032 Zürich
Tel. +41 (0)44 262 37 90 • Fax +41 (0)55 533 01 85
sa-ve@pamho.net • www.krishna.ch

Eine internationale Adressenliste finden Sie bei:
directory.krishna.com

MIX
Papier aus verantwortungsvollen Quellen
FSC® C006701
www.fsc.org

www.krishna.com
www.bbtmedia.com

ISBN 978-91-7149-816-8

Perfect Questions, Perfect Answers (German)
Printed in 2014

Dieser Titel ist in allen E-Book-Formaten kostenlos
auf www.bbtmedia.com/de erhältlich.
Code: **EB16DE85492P**

Inhalt

Einleitung

Ein anmaßender Buchtitel?

Dreiunddreißig Jahre sind vergangen, seit ich am Ufer des Ganges saß und das Gespräch führte, das in diesem Buch beschrieben wird. Seit seiner Erstveröffentlichung im Jahr 1976 habe ich viele Exemplare weitergegeben und oft war es schwierig, eine plausible Erklärung für einen Titel zu finden, der meine „vollkommenen Fragen" enthält. 1972 war ich zweiundzwanzig Jahre alt und weit von jeglicher Vollkommenheit entfernt. Doch Śrīla Prabhupāda, mein Gesprächspartner, schlug den Titel „Vollkommene Fragen, vollkommene Antworten" vor, obwohl er selbst sehr bescheiden war. Bleibt die Frage, wie es zu all dieser Vollkommenheit gekommen ist?

Durch mein Aufwachsen in einer sehr konservativen jüdischen Familie entwickelte sich in mir ein tiefes Verlangen, Gott zu verstehen. Selbstfindung und die Anti-Kriegs-Proteste bildeten die Höhepunkte meiner Universitätsjahre. Dennoch schaffte ich es, mein Chemiestudium am *Rensselaer Polytechnic Institute* 1971 abzuschließen. In diesem Umfeld der Selbstbeobachtung und des Protests erwachte meine Faszination für den Hare-Kṛṣṇa-Gesang, den ich das erste Mal in den späten Sechzigern im Greenwich Village gehört hatte, und ebenso für die *Bhagavad-gītā,* das Lehrbuch des Yoga.

Ich erfuhr, dass Yoga „Verbindung mit Gott" bedeutet. Die Konzepte des Yoga wirkten auf mich anziehend und standen in keinerlei Widerspruch zu den Grundsätzen meiner Erziehung. Dennoch störte mich die Art, wie Yoga in Amerika dargestellt wurde. In der *New York Daily News* erschien jede Woche eine Doppelseite zum neuesten indischen Guru, der der Welt seine Erleuchtung verkündete. Wem konnte ich Glauben schenken? Es sah so aus, als müsste ich zur Quelle vordringen – ins mystische, weitentfernte Indien. Nach der Universität schien mir das Friedenskorps eine attraktive Möglichkeit, um Indien zu erforschen, in einem Dorf zu leben, die Sprache zu lernen sowie die *Gītā* zu studieren und das Chanten auszuprobieren.

Aber Indien war nicht so, wie ich es mir vorgestellt hatte. Bittere Armut war, wie ich entdeckte, vor allem eine städtische Erscheinung. Obwohl es in den Städten vor Bettlern wimmelte, waren die ländlichen Gegenden überzogen mit Bauernhöfen und ruhigen Dörfern mit glücklichen Menschen. Alles war von einer leichten, ungreifbaren Transzendenz erfüllt.

Nachdem ich meine Arbeit als Lehrer für Naturwissenschaften in Bihar angetreten hatte, begann ich mit dem Besuch von Tempeln, Moscheen und Kirchen. Es war ernüchternd. Diese Glaubensgemeinschaften suchten nicht nach spiritueller Verwirklichung. Sie strebten nach Geld, Glück und Ansehen. Das Ganze war wie eine religiöse Version von "Let's Make a Deal", einer amerikanischen Fernsehsendung aus den Siebzigerjahren („Geh aufs Ganze!"). War ich um die halbe Welt gereist und hatte ich mich mit Durchmarsch rumgeschlagen, nur um dieselben seichten Werte zu finden, die ich im materialistischen Amerika angetroffen hatte? Ich lernte verschiedene Gurus kennen, blieb aber unbeeindruckt.

Meine existentielle Suche begann sich in Luft aufzulösen. Während der Schulferien im Februar 1972 besuchte ich Kalkutta. Dort sangen die Hare-Kṛṣṇa-Geweihten, hauptsächlich Leute aus dem Westen, genau wie ich es im Greenwich Village gesehen hatte. Sie luden mich ein, einen Rückzugsort hundert Kilometer nördlich von Kalkutta zu besuchen. Ich kam zu dem Schluss, dass dies gut zu meiner Suche passe, und stimmte zu.

Durch die grüne bengalische Landschaft nahmen wir einen Zug nach Māyāpur, einem schönen Ort nahe des Ganges. Bei unserer Ankunft stellte ich fest, dass Māyāpur mehr einem Rückzugsort in Planung glich. Zu der Zeit war es nur ein vor Kurzem erworbenes Reisfeld mit Zelten und einer Hütte darauf. Das Feld befand sich jedoch in der Nähe des Geburtsortes des berühmten mittelalterlichen Heiligen Śrī Caitanya. Und in der Hütte hielt sich der Gründer der internationalen Kṛṣṇa-Bewegung, Śrīla Prabhupāda, persönlich auf. Seine Anhänger waren damit beschäftigt, eine Suppenküche für die vielen Flüchtlinge des jüngsten indisch-pakistanischen Krieges zu betreiben. Ich wurde in das Männerzelt einquartiert und meldete mich freiwillig zum Nahrungsmittel-Hilfsprogramm.

Es waren ungefähr sechzig Kṛṣṇa-Anhänger anwesend, vor allem Amerikaner und Europäer unter 25. Sie waren, um es gelinde auszudrücken, alle sehr enthusiastisch. Viele waren begierig, ihre Überzeugung mit dem einzigen Englisch sprechenden Gast – mit mir – zu teilen. Ich wurde dann allerdings zu einem Treffen mit Śrīla Prabhupāda eingeladen und spürte, dass dies wahrscheinlich der Grund für meine Reise nach Indien war.

Nun zur Formulierung „vollkommene Fragen", die mir so viel Unbehagen bereitet hat. Die *Bhagavad-gītā,* das Lehrbuch der Transzendenz schlechthin, hält für den Suchenden folgende Hinweise bereit: „Versuche die Wahrheit zu erfahren, indem du dich an einen spirituellen Meister wendest. Stelle ihm in ergebener Haltung Fragen und diene ihm. Die selbstverwirklichten Seelen können dir Wissen offenbaren, weil sie die Wahrheit gesehen haben." (*Bhagavad-gītā* 4.34) Gemäß dieser Anweisung gibt es für den Novizen drei Anforderungen:

1. Besuche den Guru
2. Stelle ihm Fragen ohne herauszufordern
3. Hilf dem Guru in irgendeiner Weise

Die *Gītā* weist darauf hin, dass der Guru Wissen offenbaren kann, wenn diese drei Bedingungen erfüllt werden.

Bei meinem Besuch bei Śrīla Prabhupāda hatte ich viel eher die Absicht zu erforschen als zu argumentieren. Nachdem ich viele selbsternannte Lehrer getroffen und genau beobachtet hatte, war ich überaus misstrauisch, doch Śrīla Prabhupādas Anhänger machten mich neugierig.

Als es mir gelungen war, über ihren Eifer hinwegzusehen, fand ich eine echte Mischung aus Mystik und Entsagung in Verbindung mit überzeugenden Erklärungen vor. Ich beschloss, meine Zeit mit Śrīla Prabhupāda zum Lernen zu nutzen und nicht, um ihn herauszufordern. Später könnte ich mich noch immer entscheiden, das Gehörte anzunehmen oder zurückzuweisen.

So erfüllte ich die ersten beiden Anforderungen der *Gītā*. Auch arbeitete ich die ganze Zeit am Hungerhilfsprogramm der Kṛṣṇa-Bewegung mit, sodass ich den dritten Punkt ebenfalls erfüllen konnte.

Aus Śrīla Prabhupādas Sicht folgte ich den drei Anweisungen der *Gītā* – deshalb „vollkommene Fragen". Er beantwortete meine Fragen auf der Grundlage der folgenden Anordnung der *Gītā:* „Diese erhabene Wissenschaft wurde so durch die Kette der Schülernachfolge empfangen, und die heiligen Könige verstanden sie auf diese Weise." (*Bhagavad-gītā* 4.2)

Śrīla Prabhupāda beantwortete meine Fragen auf der Grundlage des alten Systems der Schülernachfolge, indem er genau das wiederholte, was er von vorangegangenen Autoritäten gehört hatte, ohne etwas dazuzuerfinden. Auf diese Weise erhielt ich auf meine respektvollen Fragen „vollkommene Antworten", vorgetragen von einem demütigen Botschafter seiner Vorgänger.

Das erste Gespräch, das ich mit Śrīla Prabhupāda führte, wurde von seinem Sekretär nicht auf Band aufgenommen. Deshalb beginnt das Buch ohne unser gegenseitiges Bekanntmachen und den einleitenden Dialog. Alle wesentlichen Themen beginnen mit dem zweiten Gespräch, dem ersten Kapitel dieses Buches.

Möge Sie das Lesen meiner Gespräche mit Śrīla Prabhupāda zu Ihrer eigenen Vollkommenheit führen.

Bob Cohen

1

Kṛṣṇa, der Allanziehende

MĀYĀPUR, INDIEN
27. FEBRUAR 1972

Bob: Was bedeutet der Name Kṛṣṇa?

Śrīla Prabhupāda: Kṛṣṇa bedeutet „der Allanziehende".

Bob: Allanziehend?

Śrīla Prabhupāda: Ja. Gott kann nicht Gott sein, ohne allanziehend zu sein. Ein Mann ist bedeutend, wenn er Anziehungskraft hat. Ist es nicht so?

Bob: So ist es.

Śrīla Prabhupāda: Gott muss also anziehend wirken, und zwar auf alle. Wenn daher Gott überhaupt einen Namen hat oder wenn man Ihm irgendeinen Namen geben möchte, dann ist nur „Kṛṣṇa" zutreffend.

Bob: Aber warum nur der Name Kṛṣṇa?

Śrīla Prabhupāda: Weil Kṛṣṇa allanziehend ist. Das Wort Kṛṣṇa bedeutet „allanziehend".

Bob: Ah, ich verstehe.

Śrīla Prabhupāda: Gott hat keinen Namen, aber Seinen Eigenschaften gemäß geben wir Ihm Namen. Wenn ein Mensch sehr schön ist, bezeichnen wir ihn als einen „Schönen". Wenn jemand sehr intelligent ist, bezeichnen wir ihn als einen „Weisen". Der Name wird also gemäß der Eigenschaft verliehen. Weil nur Gott allanziehend ist, kann der Name „Kṛṣṇa" nur für Ihn verwendet werden. Kṛṣṇa bedeutet „allanziehend". Er beinhaltet alles.

Bob: Aber was ist mit einem Namen, der „allmächtig" bedeutet?

Śrīla Prabhupāda: Wie kann man allanziehend sein ohne allmächtig zu sein?

Śyāmasundara (*Śrīla Prabhupādas Sekretär*)**:** Der Name Kṛṣṇa umfasst alles.

Śrīla Prabhupāda: Alles. Er muss sehr schön sein. Er muss sehr weise sein. Er muss sehr mächtig sein. Er muss sehr berühmt sein.

Bob: Wirkt Kṛṣṇa auch auf Schurken anziehend?

Śrīla Prabhupāda: O ja! Er war der größte Schurke!

Bob: Wie ist das zu verstehen?

Śrīla Prabhupāda (*lacht*)**:** Weil Er stets die *gopīs* neckte.

Śyāmasundara: Er neckte sie?

Śrīla Prabhupāda: Ja, manchmal griff Er Rādhārāṇī an, und wenn Sie dann hinfiel und Ihn anflehte: „Kṛṣṇa, quäle Mich nicht so", fielen Sie beide zu Boden und Kṛṣṇa nutzte Seine Chance, um Sie zu küssen. (*Er lacht.*) Rādhārāṇī gefiel dies sehr, aber oberflächlich betrachtet war Kṛṣṇa ein richtiger Halunke. Wenn es in Kṛṣṇa keine Gaunerei gäbe, wie könnte es dann Gaunerei in der Welt geben? Unser Konzept von Gott besagt, dass Er die Quelle aller Dinge ist. Wenn es Gaunerei nicht in Kṛṣṇa gibt, kann sie hier nicht existieren, da Er die Quelle aller Dinge ist. Aber Seine Gaunereien sind so wunderbar, dass jeder sie verehrt.

Bob: Aber was ist mit Gaunern, die nicht so vornehm sind?

Śrīla Prabhupāda: Gaunerei ist nicht gut, aber Kṛṣṇa ist absolut. Er ist Gott. Deshalb ist Seine Gaunerei ebenfalls gut. Kṛṣṇa ist allgut. Gott ist gut.

Bob: Ja.

Śrīla Prabhupāda: Wenn Er daher zum Gauner wird, dann ist auch das gut. Gaunerei ist nicht gut, aber wenn sie von Kṛṣṇa ausgeübt wird, ist sie ebenfalls gut, weil Er allgütig ist. Das sollte man verstehen.

Bob: Gibt es Menschen, die Kṛṣṇa nicht anziehend finden?

Śrīla Prabhupāda: Nein. Alle Menschen finden Ihn anziehend. Wer fühlt sich nicht zu Ihm hingezogen? Gib mir ein Beispiel: „Dieser Mensch oder dieses Lebewesen fühlt sich nicht zu Kṛṣṇa hingezogen.“ Finde eine solche Person.

Bob: Es kann doch sein, dass sich jemand so sehr nach Macht, Prestige oder Geld sehnt, dass er bereit ist, Dinge zu tun, von denen er weiß, dass sie falsch sind. Er findet Gott nicht anziehend, weil Gott ihm ein Gefühl der Schuld gibt.

Śrīla Prabhupāda: Das Schuldgefühl kommt nicht von Gott. Der Mann möchte mächtig werden. Er ist hingezogen zu Macht und Reichtum. Aber niemand ist reicher als Kṛṣṇa. Deshalb wirkt Kṛṣṇa auch auf diesen Mann anziehend.

Bob: Wenn man reich werden möchte und deshalb zu Kṛṣṇa betet, wird man dann reich werden?

Śrīla Prabhupāda: Oh ja. Weil Kṛṣṇa allmächtig ist, wird Kṛṣṇa dich reich machen, wenn du zu Ihm um Reichtum betest.

Bob: Wenn man ein verwerfliches Leben führt, aber darum betet, reich zu werden, wird man dann dennoch reich werden?

Śrīla Prabhupāda: Ja, zu Kṛṣṇa zu beten ist nicht verwerflich. Auf irgendeine Weise betet man zu Kṛṣṇa, und daher kann man nicht sagen, dass so jemand verwerflich sei.

Bob: Das macht Sinn.

Śrīla Prabhupāda: Kṛṣṇa sagt in der *Bhagavad-gītā* (9.30): *api cet su-durācāro bhajate mām ananya-bhāk.* Hast du das gelesen?

Bob: Nicht das Sanskrit, aber die englische Übersetzung ist mir bekannt.

Śrīla Prabhupāda: Sprich.

Bob: „Selbst wenn der verwerflichste Mensch zu Mir betet, wird er erhoben werden."

Śrīla Prabhupāda: Ja. Sobald er anfängt, zu Kṛṣṇa zu beten, ist er nicht mehr verwerflich. Deshalb ist Śrī Kṛṣṇa allanziehend. Es heißt in den Veden, dass die Absolute Wahrheit, die Höchste Persönlichkeit Gottes, das Behältnis aller Freude ist – *raso vai saḥ.* (*Taittirīya Upaniṣad* 2.7.1) Jeder sehnt sich nach jemandem, weil er dabei einen Wohlgeschmack kostet.

Bob: Wie bitte?

Śrīla Prabhupāda: Man kostet einen Wohlgeschmack. Angenommen ein Mann trinkt. Warum trinkt er? Er findet im Trinken einen

Wohlgeschmack. Ein Mann trachtet nach Geld, weil ihm der Besitz des Geldes einen Wohlgeschmack beschert.

Bob: Was bedeutet Wohlgeschmack?

Śrīla Prabhupāda (*zu Śyāmasundara*)**:** Wie definiert man Wohlgeschmack?

Śyāmasundara: Genuss, Freude.

Bob: Aha.

Śrīla Prabhupāda: Eine wohltuende Freude. In den Veden heißt es: *raso vai saḥ*. Das Sanskritwort für Wohlgeschmack lautet *rasa*. (*Mālatī, Śyāmasundaras Frau, kommt mit einem Tablett herein.*) Was ist das?

Mālatī: Gebratene Auberginen.

Śrīla Prabhupāda: Oh, allanziehend! Allanziehend! (*Lachen.*)

Bob: Was ist ein Wissenschaftler?

Śrīla Prabhupāda: Jemand, der die Dinge so kennt, wie sie sind.

Bob: Er *denkt,* dass er die Dinge so kennt, wie sie sind.

Śrīla Prabhupāda: Wie bitte?

Bob: Er *hofft,* dass er die Dinge so kennt, wie sie sind.

Śrīla Prabhupāda: Nein, er soll sie kennen. Wir wenden uns an den Wissenschaftler, weil wir davon ausgehen, dass er Wissen hat. Ein Wissenschaftler zu sein, bedeutet, Dinge so zu kennen, wie sie sind.

Bob: Inwiefern ist Kṛṣṇa der größte Wissenschaftler?

Śrīla Prabhupāda: Er weiß alles. Ein Wissenschaftler ist jemand, der einen Sachverhalt gründlich kennt. Kṛṣṇa weiß alles, also ist Er der größte Wissenschaftler.

Bob: Ich bin zurzeit als Chemielehrer tätig.

Śrīla Prabhupāda: Ja, aber wie kannst du lehren, solange du kein vollkommenes Wissen besitzt?

Bob: Kann ich nicht auch ohne vollkommenes Wissen lehren?

Śrīla Prabhupāda: Das ist Betrug; das ist nicht Lehren. Genauso wie die Wissenschaftler sagen: „Es gab einen Klumpen, und dann fand die Schöpfung statt, vielleicht, möglicherweise." Was soll das? Das ist doch kein Lehren; das ist Betrug!

Bob: Aber kann ich nicht zumindest irgendetwas lehren, ohne vollkommenes Wissen zu haben? Ich könnte zum Beispiel ...

Śrīla Prabhupāda: Du kannst nur lehren, soweit dein Wissen reicht.

Bob: Ich soll also nicht den Anspruch erheben, mehr zu lehren, als ich weiß.

Śrīla Prabhupāda: Ja. Sonst ist es Betrug.

Śyāmasundara: Mit anderen Worten, ohne vollständiges Wissen kann man die Wahrheit nicht lehren.

Śrīla Prabhupāda: Ja, das ist nicht möglich. Der Mensch hat unvollkommene Sinne. Wie kann er also vollkommenes Wissen lehren? Angenommen, du verstehst die Sonne als Scheibe. Du hast keine Möglichkeit, dich der Sonne zu nähern. Du kannst behaupten, dass du die Sonnenscheibe mit einem Fernrohr siehst oder mit irgendetwas anderem, aber diese Dinge sind von dir hergestellt worden, und du bist unvollkommen. Wie kann also dein Gerät vollkommen sein? Deshalb ist dein Wissen von der Sonne unvollkommen. Verbreite also keine Lehren über die Sonne, solange du kein vollkommenes Wissen hast. Das wäre Betrug.

Bob: Aber ich kann doch lehren, dass ich davon ausgehe, dass die Sonne etwa 150 Millionen Kilometer entfernt ist?

Śrīla Prabhupāda: Sobald du sagst, dass du von etwas *ausgehst,* ist es nicht wissenschaftlich.

Bob: Dann ist doch die gesamte Wissenschaft nicht mehr wissenschaftlich.

Śrīla Prabhupāda: So ist es!

Bob: Die Wissenschaft beruht natürlich auf Annahmen.

Śrīla Prabhupāda: Ja, die wissenschaftliche Lehre ist unvollkommen. Zur Zeit wird so viel über den Mond geredet, so viel Propaganda. Denkst du, dieses Wissen ist vollkommen?

Bob: Nein.

Śrīla Prabhupāda: Was ist es dann?

Bob: Was ist die eigentliche Aufgabe eines Lehrers in der Gesellschaft? Zum Beispiel eines Lehrers für Naturwissenschaften. Was soll er denn im Klassenzimmer tun?

Śrīla Prabhupāda: Im Klassenzimmer? Du solltest einfach über Kṛṣṇa lehren.

Bob: Nicht über die …

Śrīla Prabhupāda: Nein. Das wird alles einbeziehen. Das Ziel sollte Kenntnis von Kṛṣṇa sein.

Bob: Kann ein Wissenschaftler die Wissenschaft der Verbindung von Säuren und Basen lehren, also eine materielle Wissenschaft, mit Kṛṣṇa als Ziel?

Śrīla Prabhupāda: Wie soll das gehen?

Bob: Wenn man Wissenschaft studiert, findet man allgemeine Tendenzen in der Natur, die auf eine beherrschende Kraft hinweisen.

Śrīla Prabhupāda: Das habe ich kürzlich erklärt. Ich habe einen Chemiker gefragt, ob Wasserstoff und Sauerstoff – gemäß der chemischen Formel – eine Verbindung eingehen und so zu Wasser werden. So läuft das doch, oder?

Bob: Ja, das stimmt.

Śrīla Prabhupāda: Wir haben also gewaltige Wassermassen im Atlantischen Ozean und im Pazifischen Ozean. Welche Menge an Chemikalien war dazu notwendig?

Bob: Welche Menge?

Śrīla Prabhupāda: Ja, wie viele Tonnen?

Bob: Viele!

Śrīla Prabhupāda: Wer hat sie bereitgestellt?

Bob: Sie wurden von Gott bereitgestellt.

Śrīla Prabhupāda: Richtig, jemand muss sie bereitgestellt haben.

Bob: Ja.

Śrīla Prabhupāda: Das ist Wissenschaft. Auf diese Weise kannst du lehren.

Bob: Sollte man sich überhaupt damit abgeben zu lehren, dass sich Säuren und Basen neutralisieren, wenn man sie miteinander verbindet?

Śrīla Prabhupāda: Genau das Gleiche. Es gibt so viele schäumende Stoffe. Aber wer macht sie? Wer stellt die Säuren und die Basen zur Verfügung?

Bob: Sie kommen von derselben Quelle wie das Wasser.

Śrīla Prabhupāda: Ja. Du kannst kein Wasser herstellen, solange du keinen Wasserstoff und keinen Sauerstoff hast. Es gibt gewaltige Wassermassen – nicht nur unseren Atlantik oder unseren Pazifik. Es gibt Millionen von Planeten, und es gibt Millionen von Atlantischen und Pazifischen Ozeanen. Wer hat dieses Wasser aus Sauerstoff und Wasserstoff geschaffen, und wie wurden diese Stoffe bereitgestellt? Das ist die eigentliche Frage. Jemand muss diese Dinge bereitgestellt haben; wie sonst hätte Wasser entstehen können?

Bob: Aber sollte man nicht dennoch auch lehren, *wie* man aus Wasserstoff und Sauerstoff Wasser herstellt? Sollte der Vorgang der Verbindung nicht auch gelehrt werden?

Śrīla Prabhupāda: Das ist zweitrangig, und nicht sehr schwierig. Genauso wie Mālatī dieses *purī* (*eine Art Fladenbrot*) gemacht hat. Da ist also Mehl und da ist Ghee (*Butterfett*), und sie hat ein *purī* gemacht. Aber wie kann man ein *purī* machen, wenn kein Ghee und kein Mehl da ist? In der *Bhagavad-gītā* (7.4) heißt es: „Wasser, Erde, Luft, Feuer – das sind Meine Energien." Was ist dein Körper? Dieser äußere Körper – das ist deine Energie. Weißt du das? Dein Körper besteht aus deiner Energie. Ich zum Beispiel esse jetzt, und so erzeuge ich Energie und dadurch wird mein Körper erhalten.

Bob: Ich verstehe.

Śrīla Prabhupāda: Auf diese Weise besteht dein Körper aus deiner Energie.

Bob: Und die Nahrung enthält Sonnenenergie.

Śrīla Prabhupāda: Hier ist ein Beispiel. Ich erzeuge Energie, indem ich die Nahrung verdaue. Auf diese Weise wird mein Körper erhalten. Wenn deine Energieversorgung nicht in Ordnung ist, dann wird dein Körper schwach oder krank. Dein Körper ist aus deiner eigenen Energie gemacht. In ähnlicher Weise besteht dieser gigantische kosmische Körper – das Universum – aus Kṛṣṇas Energie. Wie kannst du das bestreiten? So wie dein Körper aus deiner Energie gemacht ist, so muss in ähnlicher Weise auch der universale Körper aus jemandes Energie gemacht sein. Dieser Jemand ist Kṛṣṇa.

Bob: Ich muss darüber nachdenken, um das zu verstehen.

Śrīla Prabhupāda: Was gibt es da zu verstehen? Es ist eine Tatsache. (*Er lacht.*) Dein Haar wächst täglich. Warum? Weil du Energie hast.

Bob: Die Energie bekomme ich aus der Nahrung.

Śrīla Prabhupāda: Irgendwie hast du diese Energie bekommen! Und durch diese Energie wächst dein Haar. Wenn nun dein Körper von deiner Energie erzeugt wird, so wird in ähnlicher Weise die gesamte gigantische Manifestation aus Gottes Energie gemacht. Das ist eine Tatsache! Es ist nicht *deine* Energie.

Bob: Ja, das verstehe ich.

Ein Gottgeweihter: Sind nicht auch die Planeten in diesem Universum die Energie der Sonne – ein Produkt der Sonnenenergie?

Śrīla Prabhupāda: Ja, aber wer hat die Sonne erzeugt? Das ist Kṛṣṇas Energie. Die Sonne ist Hitze, und Kṛṣṇa sagt: *bhūmir āpo 'nalo vāyuḥ: „Anala* – Hitze – das ist Meine Energie." Die Sonne ist die Manifestation der Hitzeenergie Kṛṣṇas. Es ist nicht deine Energie. Du kannst nicht sagen: „Die Sonne ist von mir gemacht worden." Aber jemand muss sie gemacht haben, und Kṛṣṇa sagt, dass Er es war. Wir glauben Kṛṣṇa. Deshalb sind wir Kṛṣṇaiten.

Bob: Kṛṣṇaiten?

Śrīla Prabhupāda: Ja. Unser Wissen ist vollkommen. Wenn ich sage, dass Hitze die Energie Kṛṣṇas ist, kannst du das nicht abstreiten, denn es ist nicht deine Energie. In deinem Körper gibt es ein bestimmtes Maß an Hitze. In ähnlicher Weise ist auch die Hitze der Sonne die Energie einer Person. Und wer ist diese Person? Das ist Kṛṣṇa. Kṛṣṇa sagt: „Ja, es ist Meine Energie." Daher ist mein Wissen vollkommen. Weil ich das Verständnis des größten Wissenschaftlers akzeptiere, bin ich ein großer Wissenschaftler. Ich mag persönlich ein Dummkopf sein, aber weil ich Wissen vom größten Wissenschaftler annehme, bin ich selbst ein großer Wissenschaftler. Ich habe kein Problem …

Bob: Wie bitte?

Śrīla Prabhupāda: Für mich ist es kein Problem, ein großer Wissenschaftler zu werden. Warum? Weil ich das Wissen des größten Wissenschaftlers annehme: „Diese Erde, dieses Wasser, dieses Feuer, diese Luft, dieser Äther, dieser Geist, diese Intelligenz und dieses Ego sind Meine acht abgesonderten Energien."

Bob: Es sind *abgesonderte* Energien?

Śrīla Prabhupāda: Ja. Genau wie diese Milch. Was ist Milch? Milch ist die abgesonderte Energie der Kuh. (*Śyāmasundara und Bob lachen verblüfft, als sie verstehen.*) Ist es nicht so? Milch ist die Manifestation der abgesonderten Energie der Kuh.

Śyāmasundara: Sie ist wie ein Nebenprodukt?

Śrīla Prabhupāda: Ja.

Bob: Was bedeutet es nun, dass diese Energie von Kṛṣṇa abgesondert ist?

Śrīla Prabhupāda: „Abgesondert" bedeutet, dass die Milch aus dem Körper der Kuh erzeugt wird, aber nicht die Kuh ist. Das bedeutet abgesondert.

Bob: Die Erde und alles andere sind also von Kṛṣṇa geschaffen worden, aber sie sind nicht Kṛṣṇa?

Śrīla Prabhupāda: Sie sind nicht Kṛṣṇa. Oder man kann sagen, sie sind Kṛṣṇa und gleichzeitig nicht Kṛṣṇa. Das ist unsere Philosophie. Eins und verschieden. Du kannst nicht sagen, dass diese Dinge von Kṛṣṇa verschieden sind, denn ohne Kṛṣṇa existieren sie nicht. Dennoch kannst du aber auch nicht sagen: „Dann lass mich Wasser verehren. Warum soll ich Kṛṣṇa verehren?" Die Pantheisten sagen, dass alles, was wir tun, Gottesverehrung sei, weil alles Gott sei. Das ist Māyāvāda-Philosophie – dass alles Gott ist, weil alles von Gott geschaffen wird. Aber unsere Philosophie lautet, dass alles Gott und dennoch nicht Gott ist.

Bob: Gibt es irgendetwas auf der Erde, das Gott ist?

Śrīla Prabhupāda: Ja. Im gewissen Sinne ist alles hier Gott, weil alles aus der Energie Gottes gemacht ist. Aber das bedeutet nicht, dass man Gott verehrt, wenn man irgendetwas verehrt.

Bob: Was gibt es dann auf der Erde, das nicht *māyā,* Illusion, ist?

Śrīla Prabhupāda: *Māyā* bedeutet „Energie".

Bob: Es bedeutet *Energie*?

Śrīla Prabhupāda: Ja, Energie. Eine andere Bedeutung von *māyā* ist „Illusion". Unintelligente Menschen halten nun die Energie für den Energieursprung. Das ist *māyā.* Das ist Illusion. Genau wie beim Sonnenlicht. Sonnenlicht fällt in dein Zimmer. Dieses Licht ist die Energie der Sonne. Aber weil Sonnenschein in dein Zimmer fällt, kannst du nicht sagen, die Sonne sei in dein Zimmer gekommen. Wenn die Sonne in dein Zimmer käme, würden dein Zimmer und du und alles andere vernichtet werden. Augenblicklich. Du würdest nicht einmal genug Zeit haben zu verstehen, dass die Sonne hereingekommen ist. Ist es nicht so?

Bob: Das stimmt.

Śrīla Prabhupāda: Trotzdem kannst du nicht sagen, dass das Sonnenlicht nicht die Sonne sei. Wie gäbe es Sonnenlicht ohne die Sonne? Aber gleichzeitig ist es nicht die Sonne. Es ist die Sonne und es ist nicht die Sonne – es ist beides. Das ist unsere Philosophie. *Acintya-bhedābheda* – unbegreifliches Gleichsein und Verschiedensein. Materiell gesehen kann etwas nicht gleichzeitig positiv und negativ sein. Aber in der spirituellen Realität geht das. Weil alles Kṛṣṇas Energie ist, kann Kṛṣṇa Sich aus jeglicher Energie manifestieren. Wenn wir daher Kṛṣṇa in einer Form verehren, die aus irgendetwas hergestellt ist, sei es Erde, Stein, Metall oder was auch immer, dann ist das Kṛṣṇa. Man kann nicht sagen, dass es nicht Kṛṣṇa sei. Wenn wir eine Metallform Kṛṣṇas verehren, zum Beispiel eine Bildgestalt im Tempel, dann ist das Kṛṣṇa. Das ist eine Tatsache, denn Metall ist eine Energie Kṛṣṇas. Deshalb ist diese Form nicht verschieden von Kṛṣṇa, und Kṛṣṇa ist so mächtig, dass Er Sich vollständig in Seiner Energie zeigen kann. Diese Bildgestaltenverehrung ist also kein Heidentum. Es ist tatsächlich Gottesverehrung, vorausgesetzt, man kennt den Vorgang.

Bob: Wenn man also den Vorgang kennt, wird die Bildgestalt zu Kṛṣṇa?

Śrīla Prabhupāda: Nicht *wird* – sie *ist* Kṛṣṇa.

Bob: Die Bildgestalt ist Kṛṣṇa, aber nur, wenn man den Vorgang kennt?

Śrīla Prabhupāda: Ja, genau wie dieses Kabel. Jemand, der den Vorgang kennt, kann Elektrizität daraus ableiten.

Śyāmasundara: Sonst ist es nur ein Kabel.

Śrīla Prabhupāda: Nur ein Kabel.

Bob: Wenn ich also eine Statue von Kṛṣṇa herstelle, ist sie nicht Kṛṣṇa, bevor …

Śrīla Prabhupāda: Sie *ist* Kṛṣṇa. Aber du musst den Vorgang kennen, mit Hilfe dessen du verstehen kannst, dass sie Kṛṣṇa ist. Die Statue ist Kṛṣṇa.

Bob: Sie ist also nicht bloß Erde und Lehm.

Śrīla Prabhupāda: Nein. Erde hat keine von Kṛṣṇa getrennte Existenz. Kṛṣṇa sagt „Meine Energie". Man kann die Energie nicht von der Energiequelle trennen. Das ist nicht möglich. Man kann Hitze nicht vom Feuer trennen. Aber Feuer ist verschieden von der Hitze, und Hitze ist verschieden vom Feuer. Man spürt die Hitze, aber das bedeutet nicht unbedingt, dass man das Feuer berührt. Feuer behält seine Identität, obwohl es Hitze ausstrahlt.

In ähnlicher Weise bleibt Kṛṣṇa immer Kṛṣṇa, obwohl Er durch Seine verschiedenen Energien alles erschafft. Die Māyāvāda-Philosophen denken, dass, wenn alles Kṛṣṇa ist, Kṛṣṇas gesonderte Identität verloren geht. Das ist materielles Denken. Wenn ich zum Beispiel Milch trinke, einen Schluck nach dem anderen, dann gibt es keine Milch mehr, wenn ich das Glas ausgetrunken habe; die gesamte Milch befindet sich in meinem Magen. Bei Kṛṣṇa ist es nicht so. Er ist allmächtig. Wir nutzen ständig Seine Energie, und trotzdem ist Er immer noch gegenwärtig.

Ein grobes Beispiel: Ein Mann zeugt Kinder, aber der Mann ist immer noch da, obwohl er so viele Kinder gezeugt hat. Er löst sich nicht auf, nur weil er Hunderte von Kindern gezeugt hat.

So ist es auch mit Gott, mit Kṛṣṇa. Trotz Seiner unzähligen Kinder ist Er immer noch da. *Pūrṇasya pūrṇam ādāya pūrṇam evāvaśiṣyate:* „Weil Er das Vollkommene Ganze ist, bleibt Er die völlige Ausgeglichenheit, obwohl zahllose vollständige Einheiten von Ihm ausgehen." Das ist Kṛṣṇa-Bewusstsein. Kṛṣṇa wird niemals aufgebraucht. Kṛṣṇa ist so mächtig. Deshalb ist Er allanziehend.

Und das ist nur *ein* Aspekt der Entfaltung Seiner Energien. Kṛṣṇa hat unbegrenzte Energien. Wenn du nun auf diese Weise fortfährst, Kṛṣṇa zu studieren, dann ist das Kṛṣṇa-Bewusstsein, nicht irgendwelcher Unfug wie „vielleicht", „vielleicht nicht". Mit Gewissheit! Mit Wissen!

Śyāmasundara: Und das Studium selbst hört niemals auf.

Śrīla Prabhupāda: Richtig. Wie kann es aufhören? Kṛṣṇas Energien sind unendlich.

2

Vedische Kultur: Varṇāśrama-dharma

MĀYĀPUR, INDIEN
28. FEBRUAR 1972

Bob: Ich habe Gottgeweihte gefragt, wie sie über Sexualität in ihren Beziehungen denken, und ich verstehe, wie sie empfinden, aber ich kann mir nicht vorstellen, so zu leben. Ich werde Ende dieses Sommers heiraten.

Śrīla Prabhupāda: Hm?

Bob: Ich werde Ende dieses Sommers heiraten, im September oder August, wenn ich nach Amerika zurückkehre. Die Gottgeweihten sagen, die Haushälter hätten nur Geschlechtsverkehr, um ein Kind zu zeugen, und ich kann mir überhaupt nicht vorstellen, so zu leben. Welche Art von Geschlechtsleben kann man als Gottgeweihter führen, wenn man in der materiellen Welt lebt?

Śrīla Prabhupāda: Das vedische Prinzip sieht vor, dass man Sexualität einfach vermeidet. Das ganze vedische Prinzip läuft darauf hinaus, von materieller Knechtschaft befreit zu werden. Es gibt vielerlei Anhaftungen an materiellen Genuss, aber Sexualität stellt den höchsten Genuss dar. Das *Śrīmad-Bhāgavatam* sagt über die materielle Welt, dass der Mann an der Frau hängt und die Frau am Mann: *puṁsaḥ striyā mithunī-bhāvam etam.* Nicht nur in der menschlichen Gesellschaft, auch in der Tierwelt. Diese Anhaftung bildet das Grundprinzip des materiellen Lebens. Die Frau sehnt sich nach der Gemeinschaft des Mannes, und der Mann sehnt sich danach, mit einer Frau zusammen zu sein. In allen Romanen, Theaterstücken, Kinofilmen und in der Werbung geht es um nichts anderes als die Anhaftung zwischen Mann und Frau. Selbst in einer Schneiderei hängen Bilder von Frauen und Männern im Schaufenster. Diese Anhaftung ist bekannt und allgegenwärtig.

Bob: Die Anhaftung zwischen Mann und Frau?

Śrīla Prabhupāda: Ja, zwischen Mann und Frau. Wenn du aus der materiellen Welt befreit werden möchtest, musst du diese Anhaftung auf Null reduzieren. Andernfalls entstehen nur weitere Anhaftungen und du wirst wiedergeboren werden müssen, entweder als Mensch oder als Halbgott oder als Tier, als Schlange, als Vogel, als Raubtier. Du musst wieder geboren werden. Wir möchten mit dem Grundprinzip der Steigerung dieser Anhaftung nichts zu tun haben, obwohl es die allgemeine Tendenz ist. *Gṛha, kṣetra, suta*. Heim, Land, Kinder. Wenn du diese Tendenz verringern und beenden kannst, dann ist das erstklassig. Deshalb sieht unser vedisches System vor, einen Jungen zunächst als *brahmacārī* zu schulen – kein sexueller Umgang. Das vedische Prinzip besteht darin, Anhaftung zu verringern, nicht zu vergrößern. Deshalb wird das ganze System *varṇāśrama-dharma* genannt. Das indische System besteht aus *varṇas* und *āśramas,* aus vier sozialen und vier spirituellen Gliederungen. *Brahmacarya* (Leben als zölibatärer Student), *gṛhastha* (Leben in der Ehe), *vānaprastha* (Leben in Zurückgezogenheit) und *sannyāsa* (Leben in Entsagung) – das sind die spirituellen Gliederungen. Und die sozialen Ordnungen bestehen aus *brāhmaṇas* (Intellektuelle), *kṣatriyas* (Verwalter), *vaiśyas* (Kaufleute und Bauern) und *śūdras* (gewöhnliche Arbeiter). In diesem System sind die regulierenden Prinzipien so gut eingerichtet, dass selbst jemand, der das materielle Leben genießen möchte, in solche Bahnen gelenkt wird, dass er letztendlich Befreiung erlangt und nach Hause, zu Gott, zurückkehrt. Das ist der Vorgang. Sexualität ist nicht notwendig, aber weil wir daran hängen, gibt es gewisse regulierende Prinzipien, unter denen sie gestattet ist. (*Im Hintergrund setzt irgendwo Chanten ein, begleitet von exotischen mṛdaṅga-Trommelschlägen inmitten von Lachen und dem lauten Erklingen von Muschelhörnern.*)

Śrīla Prabhupāda: Im *Śrīmad-Bhāgavatam* (5.5.8) heißt es:

puṁsaḥ striyā mithunī-bhāvam etaṁ
tayor mitho hṛdaya-granthim āhuḥ
ato gṛha-kṣetra-sutāpta-vittair
janasya moho 'yam ahaṁ mameti

Sexualität ist das Grundprinzip des materiellen Lebens: Anhaftung an Mann oder Frau. Wenn ein Mann und eine Frau eine Verbindung eingehen, vergrößert sich diese Anhaftung, und diese gesteigerte Anhaftung führt dazu, dass man folgende Dinge erwirbt: *gṛha* (Haus), *kṣetra* (Land), *suta* (Kinder), *āpta* (Freundschaft oder Gesellschaft) und *vitta*, Geld. Auf diese Weise, durch *gṛha-kṣetra-sutāpta-vittaiḥ*, wird man verstrickt. *Janasya moho 'yam*. Das ist Illusion. Und aufgrund dieser Illusion denkt man *ahaṁ mameti:* „Ich bin dieser Körper, und alles in Beziehung zu diesem Körper gehört mir."

Bob: Wie hängt das zusammen?

Śrīla Prabhupāda: Die Anhaftung nimmt zu. Sie ist materiell und beinhaltet den Gedanken: „Ich bin der Körper, und weil ich diesen

Körper an einem bestimmten Ort bekommen habe, ist das mein Land." Das kann man überall beobachten: „Ich bin Amerikaner, ich bin Inder, ich bin Deutscher, ich bin dies, ich bin jenes. Das ist mein Land. Ich würde alles für mein Land und meine Gesellschaft opfern." Auf diese Weise nimmt die Illusion zu, und unter ihrem Einfluss bekommt man dann wieder einen Körper, wenn man stirbt. Je nach Karma mag das ein besserer oder ein schlechterer Körper sein. Selbst wenn du auf einem himmlischen Planeten geboren wirst und einen fantastischen Körper erhältst, bedeutet dies immer noch Verstrickung. Und wenn du hier eine Katze oder ein Hund wirst, ist das einfach ein verschwendetes Leben. Oder du wirst ein Baum; die Möglichkeit dazu besteht ganz reell.

Diese Wissenschaft, wie die Seele von einem Körper zum anderen wandert und wie sie in verschiedenen Arten von Körpern gefangen ist, ist ziemlich unbekannt hier in der Welt. Als Arjuna klagte: „Wenn ich meinen Bruder töte, wenn ich meinen Großvater auf der anderen Seite töte ...", basierte sein Denken auf der körperlichen Auffassung vom Leben. Als er aber seine Probleme nicht lösen konnte, ergab er sich Kṛṣṇa und nahm Ihn als seinen spirituellen Meister an. Und als Kṛṣṇa dann sein spiritueller Meister war, rügte Er Arjuna gleich zu Beginn:

aśocyān anvaśocas tvaṁ
prajñā-vādāṁś ca bhāṣase
gatāsūn agatāsūṁś ca
nānuśocanti paṇḍitāḥ

„Du redest wie ein Gelehrter, bist aber ein Dummkopf, denn du sprichst nur über die körperliche Auffassung vom Leben." (*Bhagavad-gītā* 2.11)

Sexualität verstärkt die körperliche Auffassung vom Leben. Deshalb geht es darum, sie auf Null zu reduzieren.

Bob: Man soll sie also im Laufe des Lebens reduzieren?

Śrīla Prabhupāda: Ja, reduziere sie. Ein Junge wird bis zu seinem fünfundzwanzigsten Lebensjahr als Student geschult, unter Einschränkung jeglicher Sexualität. *Brahmacārī.* Einige der Jungen bleiben *naiṣṭhika-brahmacārīs*, das heißt sie verbringen ihr gesamtes Leben im Zölibat. Weil sie eine gute Ausbildung erhalten haben und mit spirituellem Wissen vertraut gemacht wurden, hegen sie keinen Wunsch zu heiraten. Und hier kommt eine weitere Einschränkung: man darf sich nicht sexuell betätigen, ohne verheiratet zu sein. Deshalb gibt es in der menschlichen Gesellschaft die Ehe, im Gegensatz zur Tierwelt. Aber die Menschen sinken allmählich von der menschlichen Stufe auf die Stufe der Tiere. Sie vergessen die Ehe. Auch das wird in den *śāstras*, in den Schriften, vorausgesagt: *dāmpatye 'bhirucir hetuḥ.* Im Kali-yuga, dem gegenwärtigen Zeitalter des Streites, wird es keine Eheschließungen mehr geben; Jungen und Mädchen werden sich lediglich darauf einigen zusammenzuleben und eine Beziehung haben, die nur auf Sex basiert, und wenn es sexuell nicht funktioniert, kommt die Scheidung. Westliche Philosophen wie Freud und andere haben Unmengen von Büchern zu diesem Thema geschrieben. In der vedischen Kultur hingegen ist Geschlechtsleben ausschließlich dazu bestimmt, Kinder zu zeugen. Eine spezielle Psychologie der Sexualität ist nicht notwendig. Es gibt ja schon eine ganz natürliche Psychologie. Auch ohne irgendwelche Psychologie oder Philosophie neigt man zu sexueller Betätigung. Niemand braucht in den Schulen und Universitäten hierin unterrichtet zu werden. Jeder weiß bereits, wie man es macht. (*Er lacht.*) Diese Neigung ist in jedem vorhanden. Man sollte darin ausgebildet werden, wie man damit aufhört, nicht wie man es vermehrt. Das ist tatsächliche Erziehung.

Bob: Im gegenwärtigen Amerika ist das ein radikales Konzept.

Śrīla Prabhupāda: In Amerika gibt es so viele Dinge, die einer

Veränderung bedürfen. Unsere Bewegung für Kṛṣṇa-Bewusstsein wird einiges bewirken. Ich kam nach Amerika und sah, dass Jungen und Mädchen einfach zusammenlebten. Ich sagte daraufhin zu meinen Schülern: „Ihr könnt nicht einfach zusammenleben; ihr müsst heiraten."

Bob: Viele Menschen sehen, dass selbst die Ehe nicht mehr als heilig betrachtet wird, und halten sich deshalb vom Ehestand fern. Sie heiraten, und wenn sich die Dinge nicht nach ihren Vorstellungen entwickeln, lassen sie sich sehr schnell wieder scheiden. Für viele Menschen hat der Ehestand keine Bedeutung mehr.

Śrīla Prabhupāda: Die Ehe wird als Mittel zur legalisierten Prostitution betrachtet. Das ist die gängige Einstellung, aber das ist keine Ehe. Selbst dieses christliche Blatt, wie heißt es?

Śyāmasundara: Der Wachtturm.

Śrīla Prabhupāda: Der Wachtturm. Dort gab es einen kritischen Artikel über einen Priester, der zwei Männer verheiratet hatte. Homosexualität. Solche Sachen gibt es heutzutage.

Da die Ehe im Großen und Ganzen nur noch eine Art von Prostitution ist, gehen die Menschen einen Schritt weiter und denken: „Worin liegt der Nutzen, sich mit solch großem Kostenaufwand eine Prostituierte zu halten? Besser wir vergessen die Ehe ganz und gar."

Śyāmasundara: Du hast das Beispiel der Kuh und des Marktplatzes gegeben.

Śrīla Prabhupāda: Ja. Wenn die Milch auf dem Marktplatz erhältlich ist, warum soll man sich dann eine Kuh halten? (*Alle lachen.*) Vor allem im Westen ist es ziemlich schlimm; ich habe es selbst gesehen. Aber auch hier in Indien macht sich diese Auffassung allmählich breit. Deshalb haben wir diese Bewegung für Kṛṣṇa-Bewusstsein ins Leben gerufen. Wir möchten die Menschen in den wesentlichen Prinzipien des spirituellen Lebens erziehen. Unsere Bewegung ist nicht sektiererisch religiös. Wir sind eine kulturelle Bewegung, die jedem hilft.

3

Das wirkliche Ziel des Lebens

MĀYĀPUR, INDIEN
28. FEBRUAR 1972
(FORTSETZUNG)

Śrīla Prabhupāda: Diese Bewegung ist vor allem dafür bestimmt, es den Menschen zu ermöglichen, das wirkliche Ziel des Lebens zu erreichen.

Bob: Besteht das wirkliche Ziel darin, Gott zu erkennen?

Śrīla Prabhupāda: Ja, nach Hause zu Gott zurückzukehren. Das ist das wirkliche Ziel des Lebens. Das Wasser, das aus dem Meer kommt, bildet Wolken und die Wolken fallen als Regen zur Erde. Das Ziel des Wassers besteht darin, den Fluss hinunterzuströmen und wieder ins Meer zu gelangen. Wir sind von Gott gekommen, und jetzt sind wir durch das materielle Leben völlig verstört. Deshalb sollte es unser Ziel sein, dieser beschämenden Lage zu entkommen und wieder nach Hause, zu Gott, zurückzukehren. Das ist das wirkliche Ziel des Lebens.

mām upetya punar janma
duḥkhālayam aśāśvatam
nāpnuvanti mahātmānaḥ
saṁsiddhiṁ paramāṁ gatāḥ

„Nachdem die großen Seelen, die hingegebenen Yogis, Mich erreicht haben, kehren sie nie wieder in diese zeitweilige Welt zurück, die voller Leiden ist, denn sie haben die höchste Vollkommenheit erreicht." So wird das Ziel in der *Bhagavad-gītā* beschrieben. Wenn jemand zu Mir kommt, *mām upetya,* kehrt er nicht wieder zurück. Wohin zurück? An den Ort des Leidens, *duḥkhālayam aśāśvatam.* Jeder ist sich dessen bewusst, aber wir sind von sogenannten Führern in die Irre geleitet worden. Materielles Leben bedeutet erbärmliches Leben. Kṛṣṇa, Gott, sagt, dass dieser Ort *duḥkhālayam* ist, ein Ort des Leidens. Und er ist auch *aśāśvatam,* zeitweilig. Du kannst keinen Kompromiss schließen: „In Ordnung, soll es ruhig leidvoll sein. Ich werde hier als Amerikaner oder Inder bleiben." Nein. Auch das kannst du nicht tun. Du kannst nicht als Amerikaner hier bleiben. Du magst denken, du wärest glücklich, weil du in Amerika geboren wurdest. Aber du kannst nicht lange Amerikaner sein. Du wirst diesen Ort verlassen müssen. Und dein nächstes Leben kennst du nicht! Deshalb ist es *duḥkhālayam aśāśavatam,* leidvoll und zeitweilig. Das ist unsere Philosophie.

Bob: Ist das Leben weniger leidvoll, wenn man etwas über Gott weiß?

Śrīla Prabhupāda: Nein. „Etwas" reicht nicht. Du musst vollkommenes Wissen haben. *Janma karma ca me divyam evaṁ yo vetti tattvataḥ. Tattvataḥ* bedeutet „vollkommen". Vollkommenes Wissen wird in der *Bhagavad-gītā* gelehrt. Wir geben jedem die Gelegenheit, die *Bhagavad-gītā wie sie ist* zu studieren und sein Leben zu vervollkommnen. Das ist die Bewegung für Kṛṣṇa-Bewusstsein.

Wir vermitteln Wissen. Was sagt *deine* Wissenschaft über die Seelenwanderung?

Bob: Die Wissenschaft kann die Seelenwanderung weder verneinen noch bestätigen. Sie weiß nichts darüber.

Śrīla Prabhupāda: Deshalb sage ich, dass die Wissenschaft unvollkommen ist.

Bob: Die Wissenschaft kann zumindest *etwas* postulieren, und zwar den Grundsatz, dass Energie niemals zerstört wird, dass sie sich nur wandelt.

Śrīla Prabhupāda: Das ist richtig. Aber die Wissenschaft weiß nicht, wie sich die Energie in der Zukunft verhalten wird, wie sie umgelenkt werden kann. Unter verschiedenen Einflüssen verhält sich Energie sehr unterschiedlich. Nimm nur die elektrische Energie als einfaches Beispiel. Durch unterschiedliche Anwendung betreibt sie sowohl ein Heizgerät als auch einen Kühlschrank. Ein gegensätzlicher Effekt, aber die elektrische Energie ist die gleiche. Ähnlich ist es mit der Lebensenergie. Wie wird sie gelenkt? Welchen Weg schlägt sie ein? Wie entfaltet sie sich im nächsten Leben? Diese Fragen kann dir die Wissenschaft nicht beantworten. Aber die *Bhagavad-gītā* beantwortet sie: *vāsāṁsi jīrṇāni yathā vihāya.* Du wirst von Kleidung, von einem Hemd oder einem Mantel, umhüllt. Wenn das Kleidungsstück unbrauchbar geworden ist, wechselst du es. In ähnlicher Weise ist dieser Körper wie ein Hemd oder ein Mantel. Wenn der Körper, die Umhüllung, nicht länger brauchbar ist, müssen wir ihn wechseln.

Bob: Was ist das „Wir", das den Körper wechseln muss? Was ist beständig?

Śrīla Prabhupāda: Das Beständige ist die Seele.

Bob: Von einem Leben zum nächsten?

Śrīla Prabhupāda: Ja. Die Seele. Ich. Was ist das „Du", das zu mir spricht? Was ist das „Ich", das zu dir spricht? Es handelt sich hier um Identität, um *ātmā*, um die Seele.

Bob: Ist meine Seele von deiner Seele verschieden?

Śrīla Prabhupāda: Ja. Du bist eine individuelle Seele. Ich bin eine individuelle Seele.

Bob: Du hast dich von karmischen Einflüssen befreit. Wenn es mir nun gelingen würde, mich auch von karmischen Einflüssen zu befreien, wären unsere Seelen dann gleich oder verschieden?

Śrīla Prabhupāda: Alle Seelen haben dieselben Eigenschaften. Du verfügst gegenwärtig über eine bestimmte Lebensauffassung, und deine Landsleute hier (*deutet auf die anwesenden Gottgeweihten*) hatten ebenfalls ihre Lebensauffassungen. Durch Schulung kamen sie dann zu einer anderen Lebensauffassung. Eine optimale Schulung hat zur Folge, dass man Kṛṣṇa-bewusst wird. Das ist Vollkommenheit.

Bob: Wenn zwei Menschen Kṛṣṇa-bewusst sind, ist ihre Seele dann ein und dieselbe?

Śrīla Prabhupāda: Die Seele ist immer die gleiche.

Bob: In jeder Person? In jeder Person ist sie dieselbe?

Śrīla Prabhupāda: Ja.

Bob (*deutet auf zwei Gottgeweihte*): Wenn diese beiden Kṛṣṇa-bewusst sind, sind ihre Seelen dann dieselben?

Śrīla Prabhupāda: Die Seele ist die gleiche, aber immer individuell, selbst wenn jemand nicht Kṛṣṇa-bewusst ist. Du bist ein Mensch und ich bin ein Mensch. Auch wenn ich kein Christ bin und du kein Hindu, sind wir doch beide Menschen. Es spielt in dieser

Hinsicht keine Rolle, ob die Seele Kṛṣṇa-bewusst ist oder nicht. Seele ist Seele.

Bob: Könntest du das genauer erklären?

Śrīla Prabhupāda: Als reine spirituelle Wesen sind alle Seelen gleich. Selbst in einem Tier. Deshalb heißt es *paṇḍitāḥ sama darśiṇaḥ:* Diejenigen, die wirklich gelehrt sind, sehen nicht die äußere Hülle, weder bei einem Menschen noch bei einem Tier.

Bob: Darf ich dir in diesem Zusammenhang eine andere Frage stellen?

Śrīla Prabhupāda: Ja.

Bob: Ich halte die Seele für so etwas wie ein Teil Gottes. Manchmal kommt es mir so vor, als fühlte ich Gott. Ich bin hier, und man könnte sagen, Gott ist ebenfalls hier. Wenn also die Seele in mir ist, sollte ich dann nicht imstande sein, Gott in mir zu fühlen? Nicht unbedingt Gottes Gesamtheit, aber ein …

Śrīla Prabhupāda: Ein Teil Gottes.

Bob: Aber ich spüre Gott nicht in mir, obwohl Er hier, getrennt von mir, sein mag. Sollte ich nicht imstande sein, Gott in mir zu fühlen, da meine Seele ein Teil Gottes ist?

Śrīla Prabhupāda: Ja. Gott ist auch innen. Gott ist überall. Gott ist innen und außen. Das musst du verstehen.

Bob: Aber wie fühlt man Gott in sich?

Śrīla Prabhupāda: Nicht gleich zu Beginn; du musst es von den *śāstras*, den Schriften, also durch Informationen aus den Veden, erlernen. In der *Bhagavad-gītā* erfahren wir: *hṛd-deśe 'rjuna tiṣṭhati*, Gott weilt im Herzen eines jeden. *Paramāṇu-cayāntara-stham:* Gott befindet Sich selbst in jedem einzelnen Atom. Das ist der

Ausgangspunkt, der erste Leitsatz, den du durch den yogischen Vorgang verwirklichen musst.

Bob: Yogischer Vorgang?

Śrīla Prabhupāda: Ja.

Bob: Ist das Chanten von „Hare Kṛṣṇa" solch ein yogischer Vorgang?

Śrīla Prabhupāda: Ja, das ist ebenfalls ein yogischer Vorgang.

Bob: Welche Art von yogischem Vorgang muss ich praktizieren, um diesen Leitsatz zu verwirklichen, um die Seele im Innern zu fühlen?

Śrīla Prabhupāda: Es gibt viele verschiedene yogische Vorgänge, aber für dieses Zeitalter ist dieser Vorgang sehr geeignet.

Bob: Welcher Vorgang? Das Chanten?

Śrīla Prabhupāda: Ja.

Bob: Kann ich durch den Vorgang des Chantens Gott nicht nur außen, sondern auch innen fühlen?

Śrīla Prabhupāda: Du wirst alles von Gott verstehen – wie Gott im Innern weilt, wie Er außen weilt, wie Gott wirkt. Alles wird offenbart werden. Durch diese dienende Haltung wird sich Gott offenbaren. Du kannst Gott nicht durch eigene Bemühung verstehen. Du kannst Ihn nur verstehen, wenn Er Sich offenbart. Wenn sich zum Beispiel die Sonne nachts außerhalb deiner Sicht befindet, kannst du sie nicht mit deiner Taschenlampe oder irgendeinem anderen Licht sehen. Am Morgen aber siehst du die Sonne ganz einfach, ohne irgendeine Lampe. In ähnlicher Weise musst du dir selbst eine Situation erschaffen oder dich in eine Lage begeben, in der Gott offenbart wird. Du kannst nicht durch irgendeine

Methode Gott anweisen: „Komm her! Ich möchte Dich sehen!" Nein, Gott ist nicht dein Laufjunge.

Bob: Man muss Gott erfreuen, damit Er Sich offenbart. Ist das richtig?

Śrīla Prabhupāda: Ja.

Śyāmasundara: Wie wissen wir, wann wir Gott erfreuen?

Śrīla Prabhupāda: Wenn wir Ihn sehen. Dann ist alles klar. Man braucht niemanden zu fragen, ob er sich nach dem Essen gestärkt fühlt oder ob sein Hunger gestillt ist. Wenn man isst, spürt man, dass man Energie bekommt. Das braucht man nicht zu hinterfragen. Wenn du also Gott tatsächlich dienst, dann wirst du verstehen: „Gott spricht zu mir. Gott ist da. Ich sehe Gott."

Ein Gottgeweihter: Oder ich sehe Gottes Stellvertreter.

Śrīla Prabhupāda: Ja.

Gottgeweihter: Das ist leichter.

Śrīla Prabhupāda: Man muss sich zunächst an den Stellvertreter Gottes wenden. *Yasyā prasādād bhagavat-prasādaḥ:* „Durch die Barmherzigkeit des spirituellen Meisters wird man mit der Barmherzigkeit Kṛṣṇas gesegnet." Wenn man den Stellvertreter Gottes erfreut, wird Gott erfreut sein. So kann man Ihn unmittelbar sehen.

Ein indischer Besucher: Wie kann man den Stellvertreter Gottes erfreuen?

Śrīla Prabhupāda: Man muss seine Anweisungen ausführen, das ist alles. Gottes Stellvertreter ist der Guru. Er fordert uns auf, dieses oder jenes zu tun, und wenn wir es tun, ist er erfreut. *Yasyāprasādān na gatiḥ kuto 'pi:* „Ohne die Gnade des spirituellen

Meisters kann man keinen Fortschritt machen." Wenn man sein Missfallen erregt, kommt man nicht weiter. Deshalb verehren wir den Guru.

sākṣād-dharitvena samasta-śāstrair
uktas tathā bhāvyata eva sadbhiḥ
kintu prabhor yaḥ priya eva tasya
vande guroḥ śrī-caraṇāravindam

Der Guru sollte als Gott betrachtet werden. So lautet die Anweisung der Schriften.

Bob: Der Guru soll als Stellvertreter Gottes anerkannt werden, richtig?

Śrīla Prabhupāda: Ja, der Guru ist Gottes Stellvertreter. Der Guru ist die äußere Manifestation Kṛṣṇas.

Bob: Aber verschieden von den Inkarnationen Kṛṣṇas, die heruntersteigen?

Śrīla Prabhupāda: Ja.

Bob: Inwiefern unterscheidet sich die äußere Manifestation des Gurus von der äußeren Manifestation, sagen wir mal Kṛṣṇas oder Caitanyas, wenn diese auf die Erde kommen?

Śrīla Prabhupāda: Der Guru ist der Stellvertreter Kṛṣṇas. Es gibt Merkmale, die einen Guru auszeichnen. Die allgemeinen Merkmale werden in den Veden beschrieben:

tad-vijñānārthaṁ sa gurum evābhigacchet
samit-pāṇiḥ śrotriyaṁ brahma-niṣṭham
(*Muṇḍaka Upaniṣad* 1.2.12)

Ein Guru muss in einer Schülernachfolge kommen, und er muss von seinem spirituellen Meister gründlich in den Veden unterwiesen worden sein. Im Allgemeinen besteht das Merkmal eines

Gurus darin, dass er ein vollkommener Gottgeweihter ist. Das ist alles. Und er dient Kṛṣṇa, indem er Kṛṣṇas Botschaft predigt.

Bob: War Śrī Caitanya eine andere Art von Guru als du es bist?

Śrīla Prabhupāda: Nein, nein. Gurus können nicht von verschiedener Art sein. Alle Gurus sind von einer Art.

Bob: War Er nicht auch gleichzeitig eine Inkarnation?

Śrīla Prabhupāda: Ja, Er ist Kṛṣṇa Selbst, aber Er repräsentiert den Guru.

Bob: Ich verstehe.

Śrīla Prabhupāda: Weil Kṛṣṇa Gott ist, fordert Er: *Sarva-dharmān parityajya mām ekaṁ śaraṇaṁ vraja.* „Gib alle Arten von Religion auf und ergib dich einfach Mir." Aber die Menschen verstanden Ihn falsch. Deshalb kam Er noch einmal, dieses Mal als Guru, und lehrte die Menschen, *wie* sie sich Kṛṣṇa zu ergeben haben.

Śyāmasundara: Sagt Kṛṣṇa nicht in der *Bhagavad-gītā:* „Ich bin der spirituelle Meister?"

Śrīla Prabhupāda: Ja, Er ist der ursprüngliche spirituelle Meister, denn Er wurde von Arjuna als spiritueller Meister angenommen. Was ist so schwierig daran? *Śiṣyas te 'haṁ śādhi māṁ tvāṁ prapannam.* Arjuna sagte zum Herrn: „Ich bin Dein Schüler und eine Dir ergebene Seele. Bitte unterweise mich." Wenn Kṛṣṇa kein spiritueller Meister wäre, wie könnte dann Arjuna Sein Schüler werden? Kṛṣṇa ist der ursprüngliche Guru. *Tene brahma hṛdā ya ādi-kavaye:* „Er ist es, der das vedische Wissen zuerst in das Herz Brahmās, des ersterschaffenen Lebewesens, eingab." Deshalb ist Er der ursprüngliche Guru.

Bob: Kṛṣṇa.

Śrīla Prabhupāda: Ja. Er ist der ursprüngliche Guru. Sein Schüler

Brahmā ist ein Guru; dessen Schüler Nārada ist ein Guru; dessen Schüler Vyāsa ist ein Guru – auf diese Weise besteht eine *guru-paramparā*, eine Schülernachfolge von Gurus. *Evaṁ paramparā-prāptam:* Das transzendentale Wissen wird durch die Schülernachfolge empfangen.

Bob: Ein Guru empfängt sein Wissen also durch die Schülernachfolge, nicht unmittelbar von Kṛṣṇa? Empfängst du manchmal Wissen unmittelbar von Kṛṣṇa?

Śrīla Prabhupāda: Ja. Kṛṣṇas unmittelbare Unterweisungen sind verfügbar, in der *Bhagavad-gītā*.

Bob: Ich verstehe, aber ...

Śrīla Prabhupāda: Aber du musst diese Unterweisungen durch die Schülernachfolge lernen, sonst wirst du sie falsch verstehen.

Bob: Also im Moment empfängst du keine Information direkt von Kṛṣṇa; sie kommt durch die Schülernachfolge aus den Büchern, richtig?

Śrīla Prabhupāda: Da gibt es keinen Unterschied. Angenommen ich sage: „Das hier ist ein Bleistift." Wenn du dann zu ihm sagst (*deutet auf einen Gottgeweihten*): „Das ist ein Bleistift", und er sagt es wiederum zu einem anderen: „Das ist ein Bleistift", worin liegt dann der Unterschied zwischen seiner Unterweisung und meiner Unterweisung?

Bob: Und du erhältst das Wissen durch Kṛṣṇas Barmherzigkeit, richtig?

Śrīla Prabhupāda: Du kannst ebenfalls Kṛṣṇas Barmherzigkeit erhalten, vorausgesetzt sie wird so übermittelt, wie sie ist. Wir lehren die *Bhagavad-gītā* so, wie sie ist. In der *Bhagavad-gītā* sagt Kṛṣṇa: *sarva-dharmān parityajya mām ekaṁ śaraṇaṁ vraja*. „Gib alle anderen Arten von Religion auf und ergib dich einfach Mir."

Wenn ich nun sage, dass du alles aufgeben und dich Kṛṣṇa ergeben sollst, besteht kein Unterschied zwischen Kṛṣṇas Unterweisung und meiner Unterweisung. Es gibt keine Abweichung. Wenn du also Wissen auf diese vollkommene Weise empfängst, ist das ebenso gut, wie wenn du unmittelbar von Kṛṣṇa unterwiesen wirst. Da ist kein Unterschied.

Bob: Wenn ich ehrfürchtig und mit Glauben bete, hört Kṛṣṇa mich dann?

Śrīla Prabhupāda: Ja.

Bob: Von mir zu Ihm?

Śrīla Prabhupāda: Ja, weil Er in deinem Herzen weilt. Er hört dich immer, ob du betest oder nicht. Wenn du Unsinn treibst, hört Er dich ebenfalls. Und wenn du betest, hört Er dich beten. Beten ist sehr gut.

Bob: Hört Kṛṣṇa Gebete lauter als irgendwelchen Unsinn?

Śrīla Prabhupāda: Nein, Kṛṣṇa ist allvollkommen. Er kann alles hören. Selbst wenn du nicht sprichst, sondern einfach nur denkst: „Ich werde das tun", hört Er dich. *Sarvasya cāhaṁ hṛdi sanniviṣṭaḥ:* Kṛṣṇa weilt im Herzen eines jeden.

Bob: Aber man sollte beten, nicht wahr?

Śrīla Prabhupāda: Das ist unsere einzige Aufgabe.

Bob: Wessen Aufgabe?

Śrīla Prabhupāda: Eines jeden Lebewesens. Zu beten ist unsere einzige Aufgabe. *Eko bahūnāṁ yo vidadhāti kāmān.* So steht es in den Veden.

Bob: Was bedeutet der Vers?

Śrīla Prabhupāda: Kṛṣṇa versorgt jeden mit allem. Er versorgt jeden mit Nahrung. Somit ist Er der Vater. Warum solltest du also nicht beten: „Vater, gib mir bitte das"? In der Bibel steht: „Vater, gib uns unser täglich Brot." Das ist gut – der Höchste Vater wird anerkannt. Aber erwachsene Kinder sollten eigentlich nichts vom Vater verlangen; sie sollten dem Vater dienen. Das ist *bhakti,* Hingabe.

Bob: Du beantwortest meine Fragen so wunderbar.

Śrīla Prabhupāda: Vielen Dank.

Bob: Darf ich dir jetzt eine weitere Frage stellen?

Śrīla Prabhupāda: O ja, nur zu!

4

Die drei Erscheinungsweisen der Natur

MĀYĀPUR, INDIEN
28. FEBRUAR 1972
(FORTSETZUNG)

Bob: Ich habe gelesen, dass es drei *guṇas* im Leben gibt – Leidenschaft, Unwissenheit und Tugend. Könntest du das etwas genauer erklären, insbesondere was mit der Erscheinungsweise der Unwissenheit und der Erscheinungsweise der Tugend gemeint ist?

Śrīla Prabhupāda: In Tugend hat man Verständnis, Wissen. Man versteht, dass es Gott gibt, dass diese Welt von Ihm erschaffen wurde, was die Sonne ist, was der Mond ist – vollkommenes Wissen. Wenn man ein gewisses Maß an Wissen hat, selbst wenn es nicht vollständig ist, dann ist das Tugend. Und in Leidenschaft identifiziert man sich mit dem materiellen Körper und versucht, seine Sinne zu befriedigen. Unwissenheit hingegen ist tierisches Leben. In Unwissenheit weiß man nicht, was Gott ist, wie man glücklich wird, oder warum wir uns in dieser Welt befinden. Wenn du zum Beispiel ein Tier zum Schlachthof führst, wird es mit dir gehen. Das ist Unwissenheit. Ein Mensch würde protestieren. Wenn du einer Ziege, die in fünf Minuten getötet werden soll, ein Büschel Gras hinhältst, wird sie glücklich darauf herumkauen. Die Ziege wird nichts Schlimmes ahnen, genau wie ein Kind, selbst wenn du vor hast, das Kind zu töten. Weil es unschuldig und unwissend ist, würde das Kind glücklich sein und lachen. So wirkt sich Unwissenheit aus.

Bob: Könnte man sagen, dass diese Erscheinungsweisen das Karma beeinflussen?

Śrīla Prabhupāda: Ja. Entsprechend deiner Verbindung mit den Erscheinungsweisen der Natur werden deine Tätigkeiten verunreinigt. *Kāraṇaṁ guṇa-saṅgo 'sya sad-asad-yoni-janmasu:* „Gemäß der Verbindung mit den *guṇas,* den Erscheinungsweisen, wird der Mensch in gute oder schlechte Bedingungen hineingeboren." (*Bhagavad-gītā* 13.22)

Bob: In welcher Erscheinungsweise sind Betrug und ähnliche Dinge?

Śrīla Prabhupāda: Betrug ist eine Mischung aus Leidenschaft und Unwissenheit. Man betrügt jemanden, um sich selbst unrechtmäßig zu bereichern. Das ist Leidenschaft. Oder wenn man einen Mord begeht, ist man sich dessen unbewusst, dass man dafür leiden muss; es handelt sich also um eine Mischung aus Leidenschaft und Unwissenheit.

Bob: Und wenn man einer anderen Person helfen möchte?

Śrīla Prabhupāda: Das ist Tugend.

Bob: Warum ist das Tugend? Du sagtest, dass Tugend mit Wissen verbunden sei. Welche Art von Wissen ist in einer guten Tat enthalten?

Śrīla Prabhupāda: Wenn du jemanden vor dir hast, der unwissend ist und du versuchst, ihn mit geistiger Klarheit zu erfüllen, so ist dies eine Tat in der Erscheinungsweise der Tugend.

Bob: Wissen zu vermitteln ist also Tugend?

Śrīla Prabhupāda: Ja.

Bob: Und wie steht es damit, jemandem einfach nur Hilfe zu leisten?

Śrīla Prabhupāda: Das ist ebenfalls Tugend.

Bob: Und wenn du einem Bettler ein Almosen gibst …

Śrīla Prabhupāda: Das mag immer noch Tugend sein. Aber auf eurer Bowery-Straße in New York bekommt er ein Almosen, zieht sofort los, kauft sich eine Flasche Wein, trinkt sie aus und liegt flach. Obwohl es sich bei dem Almosen um Wohltätigkeit handelte, ist es nicht Tugend. Es ist Unwissenheit.

Bob: Wohltätigkeit kann also Unwissenheit sein?

Śrīla Prabhupāda: Es gibt drei Arten von Wohltätigkeit, eine in Tugend, eine in Leidenschaft und eine in Unwissenheit. Tugend bedeutet, jemandem eine Spende zu geben, dem eine Spende gebührend ist. Lasse uns als Beispiel unsere Bewegung für Kṛṣṇa-Bewusstsein nehmen. Wenn jemand dieser Bewegung eine Spende gibt, dann geschieht dies in Tugend, weil die Bewegung Gottesbewusstsein, Kṛṣṇa-Bewusstsein, verbreitet. Das ist Tugend. Wenn man eine Spende gibt und eine Gegenleistung erwartet, so ist dies eine Spende in Leidenschaft. Und wenn man an einem ungeeigneten Ort zur falschen Zeit einem unwürdigen Menschen, zum Beispiel unserem Mann in der Bowery in New York, ohne Respekt eine Spende gibt, so ist das Wohltätigkeit in Unwissenheit. Kṛṣṇa sagt in der *Bhagavad-gītā* (9.27): *yat karoṣi yad aśnāsi yaj juhoṣi dadāsi yat*. „Alles, was du tust, alles, was du isst, alles, was du opferst oder fortgibst, sowie alle Entsagung, die du dir auferlegst, solltest du, o Sohn Kuntis, Mir als Opfer darbringen." Mit anderen Worten, wenn Kṛṣṇa deine Opfergabe annimmt, ist das die Vollkommenheit aller Wohltätigkeit. Oder wenn ein Stellvertreter Kṛṣṇas deine Gabe annimmt, so ist das ebenfalls Vollkommenheit.

Bob: Und welche Art von Wohltätigkeit ist es, wenn man einem Hungrigen zu essen gibt?

Śrīla Prabhupāda: Das hängt von den Umständen ab. Angenommen ein Arzt hat seinem Patienten verboten, feste Nahrung zu sich zu nehmen, und der Patient bittet dich: „Gib mir etwas Festes zu essen". Wenn du ihm dann aus Nächstenliebe feste Nahrung gibst, tust du ihm damit nichts Gutes. Das ist Unwissenheit.

Bob: Häufen die Gottgeweihten kein Karma mehr an? Spüren sie noch Karma? Handeln sie unter dem Einfluss dieser Erscheinungsweisen? Befinden sie sich in der Erscheinungsweise der Tugend?

Śrīla Prabhupāda: Sie befinden sich jenseits von Tugend. *Śuddhasattva.* Die Gottgeweihten sind nicht mehr in der materiellen Welt; sie sind in der spirituellen Welt. Das wird in der *Bhagavad-gītā* (14.26) bestätigt:

māṁ ca yo 'vyabhicāreṇa
bhakti-yogena sevate
sa guṇān samatītyaitān
brahma-bhūyāya kalpate

„Wer sich völlig im hingebungsvollen Dienst beschäftigt und unter keinen Umständen abweicht, transzendiert sogleich die Erscheinungsweisen der materiellen Natur und erreicht so die Ebene des Brahman." Gottgeweihte befinden sich weder in Tugend noch in Leidenschaft oder Unwissenheit. Sie sind transzendental zu all diesen Eigenschaften.

Bob: Erreicht ein Gottgeweihter, der sehr ergeben ist, diese Stufe?

Śrīla Prabhupāda: Ja. Auch du kannst ein Gottgeweihter werden. Es ist nicht schwierig. Du brauchst dich nur im transzendentalen liebevollen Dienst des Herrn zu beschäftigen. Das ist alles.

Bob: Welche Bedeutung hat Dienst ohne Hingabe?

Śrīla Prabhupāda: Hm. Das ist kein Dienst, das ist Kommerz. (*Alle lachen.*) Hier in Māyāpur haben wir beispielsweise einen Bauunternehmer engagiert. Das ist nicht Dienst; das ist ein Geschäft, oder? Manchmal sieht man den Werbespruch „Bei uns ist der Kunde König!" Doch trotz dieser schönen Worte geht es ausschließlich ums Geschäft. Man wird nur als Kunde angesehen, wenn man auch bezahlt. Ist es nicht so? Beim hingebungsvollen Dienst ist das natürlich ganz anders. Caitanya Mahāprabhu betet zu Kṛṣṇa: *yathā tathā vidadhātu lampaṭo mat-prāṇa-nāthas tu sa eva nāparaḥ*. „Tue, wie es Dir beliebt; Du bist immer mein verehrungswürdiger Herr." Zu dienen bedeutet: „Ich bitte um nichts für mich selbst." Sobald man erwartet, etwas zurückzubekommen, handelt es sich um ein Geschäft.

Bob: Ich möchte mehr Wissen über Gott bekommen und Gottes Gegenwart besser spüren können. Das Leben scheint ja sonst ziemlich bedeutungslos zu sein.

Śrīla Prabhupāda: Ja! Wenn du die Gelegenheit verpasst, die dir in diesem Leben in diesem menschlichen Körper gegeben wurde, ist das ein großer Verlust. Die menschliche Lebensform bietet eine hervorragende Möglichkeit, aus der Verstrickung des materiellen Daseins herauszugelangen.

Bob: Ich bin sehr dankbar, dass ich dir alle diese Fragen stellen durfte.

Śrīla Prabhupāda: Ja, so kannst du mehr und mehr lernen. Fragen und Antworten sind sehr wichtig. Sie sind für jeden zuträglich. Sūta Gosvāmī sagt im *Śrīmad-Bhāgavatam* (1.2.5):

munayaḥ sādhu pṛṣṭo 'haṁ
bhavadbhir loka-maṅgalam
yat kṛtaḥ kṛṣṇa-sampraśno
yenātmā suprasīdati

„O ihr Weisen, ihr habt mich zu Recht gefragt. Eure Fragen sind wertvoll, weil sie sich auf Śrī Kṛṣṇa beziehen und daher für das Wohlergehen der ganzen Welt von Bedeutung sind. Nur Fragen dieser Art sind geeignet, das Selbst völlig zufriedenzustellen." Fragen über Kṛṣṇa sind gut. Wenn man über Kṛṣṇa spricht und hört, ist das *loka-maṅgalam,* glückverheißend für alle. Sowohl die Fragen als auch die Antworten sind glückverheißend.

Bob: Ich fühle mich vom Leben im hingebungsvollen Dienst angezogen, habe aber immer noch meine Verbindungen zu Hause. Ich bin verlobt, bald verheiratet …

Śrīla Prabhupāda: Nein, nein. Bei uns gibt es viele Ehepaare. (*Er deutet auf Śyāmasundara.*) Er ist verheiratet. Ehe ist kein Hindernis. Ich habe dir gesagt, dass es vier verschiedene Stufen im spirituellen Leben gibt – *brahmacārī, gṛhastha, vānaprastha* und *sannyāsa.* Nachdem man *brahmacārī* war, kann man heiraten. Es ist nicht obligatorisch, aber es ist möglich. Man kann auch sein ganzes Leben hindurch *naiṣṭhika-brahmacārī* bleiben. Aber ein *brahmacārī* kann heiraten. Und nach dem Ehestand kommt das *vānaprastha*-Leben. Das bedeutet, dass man sich allmählich von der Familie löst; der Ehemann und die Frau leben getrennt. Von dem Zeitpunkt an gibt es keine Sexualität mehr. Wenn man dann völlig entsagt ist, und völlig losgelöst vom Familienleben, nimmt man *sannyāsa* an.

Bob: Vergisst der *sannyāsī* dann seine Frau vollständig?

Śrīla Prabhupāda: Ja. Vergessen ist nicht schwierig, wenn man versucht zu vergessen. Aus den Augen, aus dem Sinn. (*Alle lachen.*) Ich hatte eine Frau, Kinder, Enkel – alles. Aus den Augen, aus dem Sinn. Ganz einfach. Deshalb gibt es *vānaprastha* und *sannyāsa*. Im vedischen System ist alles sehr gut organisiert.

5

Der Weg zu Reinheit und Glück

MĀYĀPUR, INDIEN
29. FEBRUAR 1972

Bob: Herzlichen Dank, dass ich dir so viele Fragen stellen durfte.

Śrīla Prabhupāda: Das ist meine Mission. Jeder sollte die Wissenschaft von Gott verstehen. Solange wir nicht mit dem Höchsten Herrn Hand in Hand gehen, ist unser Leben voller Verwirrung. Ich habe viele Male das Beispiel gegeben, dass eine Schraube, die aus einer Maschine gefallen ist, ziemlich nutzlos ist. Aber wenn sich dieselbe Schraube wieder in der Maschine befindet, hat sie einen Wert. Wir sind winzige Teile Gottes. Welchen Wert haben wir also ohne Gott? Keinen! Wir sollten unsere Verbundenheit mit Gott zurückerlangen. Dann sind wir von Nutzen.

Bob: Ich habe heute einen Mann getroffen, der hierher kam, weil er gehört hatte, dass es in Māyāpur Hippies gäbe.

Śrīla Prabhupāda: Ein Inder?

Bob: Ja, ein Inder. Er wohnt in der Nähe und spricht ziemlich gut Englisch. Als er jung war, verehrte er die Halbgöttin Kālī jeden Tag sehr gewissenhaft. Dann kam die Flut und es ging den Menschen sehr schlecht. Er verlor seinen Glauben und hat jetzt keine Religion mehr. Er sagte, er fände Glück bei dem Versuch, den Menschen Nächstenliebe zu vermitteln. Mir fiel nichts ein, was ich ihm hätte sagen können, um Gott und Religion in sein Leben zu bringen. Er meinte, nach seinem Tod würde er vielleicht ein Teil Gottes werden, aber er könne sich jetzt nicht darum kümmern. Er sagte, er habe religiöse Praktiken ausprobiert, doch sei nichts dabei herausgekommen. Der Grund, warum ich das nun dich frage, ist, dass ich nach meiner Rückkehr nach Amerika vielen Menschen begegnen werde, die genau wie er sein werden. Sie werden sagen, dass Religion einfach nicht funktioniert. Und ich weiß nicht, was ich diesen Leuten sagen soll, um sie davon zu überzeugen, dass es einen Versuch wert ist.

Śrīla Prabhupāda: Warte damit. Zuerst solltest du selbst überzeugt werden. Und wenn du das erreicht hast, dann kannst du versuchen, andere zu überzeugen. Caitanya Mahāprabhu hat gesagt, dass man das Leben anderer verbessern kann, wenn man sein eigenes Leben erfolgreich gemacht hat.

bhārata-bhūmite haila manuṣya-janma yāra
janma sārthaka kari' kara para-upakāra
(*Caitanya-caritāmṛta,* Ādi 9.41)

Mache zuerst dein eigenes Leben vollkommen. Dann kannst du versuchen, andere zu lehren.

Bob: Die Gottgeweihten haben mir gesagt, dass man ohne ständiges Kṛṣṇa-Bewusstsein nicht glücklich sein kann. Ich fühle mich aber trotzdem manchmal glücklich.

Śrīla Prabhupāda: Manchmal, aber nicht immer.

Bob: Das stimmt.

Śrīla Prabhupāda: Wenn du Kṛṣṇa-bewusst bist, wirst du dich immer glücklich fühlen.

Bob: Die Gottgeweihten haben angedeutet, dass es ohne Kṛṣṇa-Bewusstsein einfach kein Glück gäbe.

Śrīla Prabhupāda: Das ist eine Tatsache. Stell dir vor, du bist ein Landtier und du wirst ins Wasser geworfen. Du wirst nicht glücklich sein. Wenn du dann aber wieder an Land gebracht wirst, geht es dir wieder gut. In ähnlicher Weise sind wir winzige Teile Kṛṣṇas. Wir können nicht glücklich sein, ohne ein Teil Kṛṣṇas zu sein. Das gleiche Beispiel von vorhin: Das Maschinenteil hat ohne die Maschine keinen Nutzen, aber wenn es wieder in die Maschine eingesetzt wird, hat es Nutzen. Wir sind Teile Kṛṣṇas. Wir müssen uns mit Kṛṣṇa verbinden. Man kann sich sofort durch sein Bewusstsein mit Kṛṣṇa verbinden, einfach indem man denkt: „Ich gehöre Kṛṣṇa, und Kṛṣṇa gehört mir." Das ist alles.

Bob: Wir sind also Teile Kṛṣṇas.

Śrīla Prabhupāda: Ja. Alles ist ein Teil Kṛṣṇas, weil alles durch Kṛṣṇas Energie erzeugt wird und weil alles Kṛṣṇas Energie ist.

Bob: Wie kann ich es schaffen, mich Gott näher zu fühlen. Ich komme gelegentlich zum Tempel, und dann gehe ich wieder. Ich bin mir nicht sicher, wie viel ich davon mitnehme.

Śrīla Prabhupāda: Du musst geläutert werden. Das dauert nicht lange. Innerhalb von sechs Monaten wirst du merken, dass du Fortschritt gemacht hast. Aber du musst die regulierenden Prinzipien befolgen. Dann wird es dir gelingen. Genau wie es diesen Jungen und Mädchen gelingt.

Bob: Ich verstehe.

Śrīla Prabhupāda: Sie haben nicht mehr das Verlangen, ins Kino oder in einen Nachtklub zu gehen. Nein. Sie haben alle *anarthas*, alle unnötigen Dinge, eingestellt. Das menschliche Leben ist zur Läuterung bestimmt.

tapo divyaṁ putrakā yena sattvaṁ
śuddhyed yasmād brahma-saukhyaṁ tv anantam
(*Śrīmad-Bhāgavatam* 5.5.1)

Ṛṣabhadeva sagt hier, dass wir Entsagungen und Bußen auf uns nehmen müssen, um unser Dasein zu läutern und auf die Stufe endlosen transzendentalen Glücks zu gelangen. *Sattva* bedeutet Dasein. Wenn wir unser Dasein nicht läutern, werden wir gezwungen, unseren Körper zu wechseln. Von diesem Körper zu jenem. Manchmal mag es ein besserer sein, manchmal ein schlechterer. Wenn man eine Krankheit nicht heilt, wird es immer schlimmer. Ebenso wird man gezwungen, von einem Körper zum anderen zu wandern, wenn man sein Dasein nicht läutert. Die Naturgesetze, die hier am Wirken sind, sind sehr subtil. Es ist nicht sicher, dass du wieder einen amerikanischen Körper bekommen wirst, um darin ein komfortables Leben zu führen. Wir müssen unser Dasein läutern. Solange man sein Dasein nicht läutert, wird man sich zwar nach Glück sehnen, aber nicht immer glücklich sein.

Bob: Wenn ich zu meiner Arbeit in New York zurückkehre, hoffe ich rein zu werden, aber ich bin ziemlich sicher, dass ich es nicht schaffen werde, so rein zu werden wie deine Geweihten hier. Ich kann mir einfach nicht vorstellen, so zu leben.

Śrīla Prabhupāda: Du kannst. Sie waren am Anfang auch nicht rein, aber jetzt sind sie rein. Auch du kannst rein werden. Als du klein warst, warst du nicht gebildet, aber jetzt bist du es. Wenn du ernsthaft bist, kannst du dich überall rein halten. Es spielt keine Rolle, ob du dich in Amerika oder in Indien aufhältst. Du musst allerdings wissen, wie du dich selbst rein halten kannst.

Bob: Du meinst wahrscheinlich das Befolgen der Prinzipien des Kṛṣṇa-Bewusssteins.

Śrīla Prabhupāda: Ja. Ich ging nach Amerika, aber sowohl dort als auch hier in Indien lebe ich auf die gleiche Weise.

Bob: Seitdem ich dich letzten November das erste Mal getroffen habe, habe ich ab und zu versucht, diesen Prinzipien zu folgen.

Śrīla Prabhupāda: Hm. Aber du musst strikt folgen, wenn du ernsthaft sein möchtest.

Bob: In Ordnung. Was ich dir jetzt sage, ist wahrscheinlich das Dümmste, das ich bislang von mir gegeben habe. Ich möchte dir einfach sagen, wie ich mich fühle.

Śrīla Prabhupāda: Ich sage nicht, dass du dumm bist. Ich sage, dass du unvollkommen bist.

Bob: Gut. (*Er lacht.*) Unvollkommen. Ich sage dir jetzt, wie ich mich fühle. Im Augenblick bewundere und achte ich deine Geweihten, aber ich fühle mich ihnen nicht zugehörig. Ich möchte eigentlich gar nicht zu ihnen zu gehören. Ich möchte einfach tun, was richtig ist, um Gott näherkommen. Wenn ich das nächste Mal ein besseres Leben bekomme, bin ich schon zufrieden.

Śrīla Prabhupāda: Sehr gut.

Bob: Wahrscheinlich ist das materielle Anhaftung, aber ...

Śrīla Prabhupāda: Mache es einfach den Gottgeweihten nach, und dein Wunsch wird in Erfüllung gehen. Wir instruieren die Menschen, wie sie geläutert und glücklich werden können. Das ist unsere Mission. Wir wollen jeden glücklich sehen. *Sarve sukhino bhavantu.* Die Menschen wissen nicht, wie man glücklich wird. Sie folgen nicht dem vorgeschriebenen Pfad zum Glück. Sie erfinden ihre eigenen Wege. Das ist das Problem. Deshalb gab Ṛṣabhadeva seinen Söhnen den Rat: „Meine lieben Jungen, nehmt einfach um der transzendentalen Erkenntnis willen Entsagung auf euch." Jeder führt Entsagung aus, auf irgendeine Weise. Ich kenne einen Jungen, der ins Ausland gehen musste, um dort Wirtschaftsmanagement zu studieren. Jetzt ist er gut situiert. Jeder muss um seiner Zukunft willen irgendeine Art von Enstagung auf sich nehmen. Warum nicht Entsagung auf sich nehmen für *dauerhaftes* Glück?

Du solltest dein Dasein und deinen Körper läutern. Jeden materiellen Körper, den du annimmst, wirst du wieder wechseln müssen. Aber wenn du einen spirituellen Körper annimmst, wird es keinen Wechsel mehr geben. Wir haben ja bereits einen spirituellen Körper, aber durch materielle Verunreinigung entwickeln wir einen materiellen Körper. Wenn wir uns dem *spirituellen* Leben hingeben, werden wir einen *spirituellen* Körper entwickeln. Hier nochmal das Beispiel, das ich schon des öfteren gegeben habe: Wenn du einen Eisenstab ins Feuer hältst, wird er wie Feuer werden. Ist es nicht so?

Bob: Ja.

Śrīla Prabhupāda: Wenn du einen rotglühenden Eisenstab berührst, wirst du dich verbrennen. Der Stab nimmt die Eigenschaft des Feuers an. Gleichermaßen wirst du spiritualisiert werden, wenn du dich im Kṛṣṇa-Bewusstsein beschäftigst. Du wirst auf spirituelle Weise handeln. Du wirst keine materiellen Bedürfnisse mehr haben.

Bob: Wie kann ich das erreichen?

Śrīla Prabhupāda: Indem du den Vorgang annimmst. Du hast diese sechs Jungen gesehen, die ich heute eingeweiht habe. Es ist eigentlich sehr einfach. Du musst diese vier regulierenden Prinzipen befolgen und auf dieser Gebetskette chanten. Das ist alles.

Bob: Gut. Ich befolge ja schon einige, aber nicht alle.

Śrīla Prabhupāda: „Einige"? Es gibt nur vier regulierende Prinzipien. Was meinst du mit „einige"? Drei? Oder zwei?

Bob: Zwei oder drei.

Śrīla Prabhupāda: Warum nicht auch das vierte?

Bob: Nein, nein. Ich meine, ich befolge jetzt eins oder zwei.

Śrīla Prabhupāda (*lacht*)**:** Warum nicht die anderen drei? Was ist daran so schwer? Welches hältst du ein?

Bob: Welches ich einhalte? Nun, ich bin fast Vegetarier. Aber ich esse noch Eier.

Śrīla Prabhupāda: Dann ist das auch nicht vollständig.

Bob: Nein, nicht ganz vollständig. Nachdem ich dich letzten November gesehen habe, bin ich Vegetarier geworden.

Śrīla Prabhupāda: Vegetarier zu sein ist an sich nichts Besonderes. Die Taube ist Vegetarier. Der Affe, dieses herumblödelnde, schurkenhafte Geschöpf, ist Vegetarier.

Bob: Ich dachte, ich hätte ein wenig Fortschritt gemacht, weil es am Anfang schwierig war und dann allmählich leichter wurde.

Śrīla Prabhupāda: Nein, du kannst alle regulierenden Prinzipien einhalten, vorausgesetzt, du befolgst den Vorgang des Kṛṣṇa-Bewusstseins. Andernfalls ist es nicht möglich.

Bob: Ja, das ist es. Wenn ich wieder in Bihar bei meinen Freunden bin, sitzen wir abends zusammen und es gibt nichts anderes zu tun, als uns die Moskitos vom Leib zu halten. Dann sagen sie: „Wie wär's mit einem bisschen Marihuana?" Und ich sage: „Klar, es passiert ja sonst nichts", und dann setzen wir uns hin und machen uns einen schönen Abend. Wir haben das jeden Tag getan. Wir ließen uns gehen, und dann haben wir festgestellt, dass wir uns eigentlich schaden. Dann haben wir damit aufgehört. Aber bei Gelegenheit tun wir es immer noch.

Śrīla Prabhupāda: Du solltest mit uns zusammenleben. Dann werden dich deine Freunde nicht mehr fragen: „Wie wär's mit Marihuana?" (*Bob lacht.*) Bleibe in der Gemeinschaft der Gottgeweihten. Wir eröffnen Zentren, um es jedem zu ermöglichen, mit uns in Kontakt zu kommen. Warum haben wir hier in Māyāpur so viel Land erworben? Damit jeder mit uns leben kann, der wirklich Kṛṣṇa-bewusst werden möchte. Gemeinschaft ist sehr maßgebend. Wenn du mit Trinkern zusammen bist, wirst du dich betrinken, und wenn du mit *sādhus* zusammen bist, wirst du ein *sādhu* werden.

Śyāmasundara: Er könnte mit dir nach Bombay kommen.

Śrīla Prabhupāda: Ja, du kannst mit uns in Bombay leben. Aber er möchte Freunde mit Marihuana. Das ist das Problem.

Bob: Lass mich eine andere Frage stellen, dann komme ich vielleicht darauf zurück. Ich finde, dass ich zu viel an mich selbst denke, und deshalb nicht sehr viel an Gott denken kann. Ich beschäftige mich einfach zu viel mit mir selbst. Wie kann ich mich vergessen, um mich auf andere, wichtigere Dinge konzentrieren zu können?

Śrīla Prabhupāda: Mache es diesen Gottgeweihten nach.

Bob (*lacht*)**:** Ich glaube, du willst mir sagen, dass mein Weg zur Reinheit darin besteht, ein Gottgeweihter zu werden.

Śrīla Prabhupāda: Zögerst du?

Bob: Nun, ich ...

Śrīla Prabhupāda: Ist es so schwierig, ein Gottgeweihter zu werden?

His Divine Grace A. C. Bhaktivedanta Swami Prabhupāda

Gründer-Ācārya der Internationalen Gesellschaft für Krishna-Bewusstsein

Bob Cohen, ca. 1972

Die grünen Felder Māyāpurs, die Tempel, und in der Ferne der Ganges.

Ein Bild aus dem Jahr 1972, das die Hütte in Māyāpur mit der Veranda zeigt, auf der Śrīla Prabhupāda und Bob Cohen ihre Gespräche führten.

Gott befindet Sich im Herzen aller Lebewesen. Wir können Ihn aber nur verstehen, wenn Er Sich offenbart. (S. 41)

Jeder wird von den drei Erscheinungsweisen der Natur kontrolliert, nämlich von Tugend, Leidenschaft und Unwissenheit. (S. 49)

„Wenn wir unser Dasein nicht läutern, werden wir gezwungen, unseren Körper zu wechseln. Von diesem Körper zu jenem. Manchmal mag es ein besserer sein, manchmal ein schlechterer.“ (Śrīla Prabhupāda zu Bob Cohen, S. 60)

Gott ist allanziehend. Deshalb lautet Sein Name Kṛṣṇa. (S. 13)

Bob: Für mich schon. Ich verspüre kein besonders starkes Verlangen. Die Gottgeweihten sagten, sie hätten das materielle Leben aufgegeben, sie hätten durch das Befolgen dieser vier regulierenden Prinzipien das materielle Leben aufgegeben. Das sehe ich ein. Und anstatt des materiellen Lebens hätten sie nun …

Śrīla Prabhupāda: Was verstehst du unter materiellem Leben? (*Bob schweigt.*) Ich sitze auf diesem Bett. Ist es materiell oder spirituell?

Bob: Materiell.

Śrīla Prabhupāda: Das heißt, wir haben das materielle Leben nicht aufgegeben.

Bob: So wie ich es verstanden habe, war es „der Wunsch nach materiellem Gewinn".

Śrīla Prabhupāda: Was ist materiell?

Bob: Nach materiellem Gewinn zu streben und nicht alle materiellen Verlangen aufzugeben.

Śrīla Prabhupāda: Wenn du deine Sinne befriedigen möchtest, handelt es sich um materielles Leben. Wenn du Gott dienen möchtest, handelt es sich um spirituelles Leben. Das ist der Unterschied zwischen materiellem und spirituellem Leben. Man versucht, seinen Sinnen zu dienen. Wenn man aber stattdessen Gott dient, ist es spirituelles Leben. Was ist der Unterschied zwischen unseren Tätigkeiten und den Tätigkeiten anderer? Wir benutzen alles mögliche: Tische, Stühle, Betten, Tonbandgeräte, Schreibmaschinen. Worin liegt der Unterschied? Der Unterschied ist, dass wir alles für Kṛṣṇa verwenden.

Bob: Die Gottgeweihten haben gesagt, dass die sinnlichen Freuden, die sie aufgegeben haben, durch spirituelle Freuden ersetzt werden, aber ich habe das noch nicht erfahren.

Śrīla Prabhupāda: Spirituelle Freuden kommen, wenn du Kṛṣṇa erfreuen möchtest. Das ist spirituelle Freude. Eine Mutter zum Beispiel freut sich mehr, ihr Kind essen zu sehen, als selbst etwas zu essen.

Bob: Hm. Spirituelle Freude bedeutet also, Gott zu erfreuen.

Śrīla Prabhupāda: Ja. Spirituelle Freude bedeutet, Kṛṣṇa zu erfreuen.

Bob: Zur Freude Kṛṣṇas.

Śrīla Prabhupāda: Ja. *Materielle* Freude bedeutet, die Sinne zu erfreuen, und wenn du versuchst, Kṛṣṇa zu erfreuen, dann ist das *spirituelle* Freude.

Bob: Ich dachte, Gott zu erfreuen wäre …

Śrīla Prabhupāda: Erfinde nicht deine eigenen Methoden, Gott zu erfreuen. Angenommen ich möchte *dich* erfreuen. Wie würde ich da am besten vorgehen? Ich würde dich fragen: „Was kann ich für dich tun?" Ich würde mir nicht irgendeinen Dienst ausdenken. Das würde dich nicht zufriedenstellen. Angenommen ich möchte ein Glas Wasser. Wenn du nun denkst: „Swamijī wäre bestimmt glücklicher mit einem Glas heißer Milch", dann würdest du mich damit nicht zufriedenstellen. Wenn du mich zufriedenstellen möchtest, solltest du mich fragen: „Was kann ich für dich tun?" Wenn du das dann ausführst, so wie ich es gesagt habe, wirst du mich zufriedenstellen.

Bob: Und Kṛṣṇa zufriedenzustellen bedeutet also, ein Geweihter Kṛṣṇas zu sein.

Śrīla Prabhupāda: Ein Gottgeweihter ist jemand, der Kṛṣṇa ständig zufriedenstellt. Er kümmert sich um nichts anderes. Das ist ein Gottgeweihter.

Bob: Kannst du mir noch mehr über das Chanten von „Hare Kṛṣṇa“ sagen? Ich chante nun schon seit längerem. Nicht regelmäßig. Nur ab und zu. Hier und da. Ich habe erst kürzlich eine Gebetskette bekommen. Manchmal liegt mir das Chanten, und manchmal liegt es mir überhaupt nicht. Vielleicht chante ich nicht richtig. Ich weiß nicht.

Śrīla Prabhupāda: Für alles gibt es einen Vorgang. Du musst den Vorgang annehmen.

Bob: Die Gottgeweihten erzählen mir von der Ekstase, die sie beim Chanten verspüren.

Śrīla Prabhupāda: Ja. Je mehr du geläutert wirst, desto mehr wirst du diese Ekstase verspüren. Das Chanten ist der Läuterungsvorgang.

6

Der vollkommene Gottgeweihte

MĀYĀPUR, INDIEN
29. FEBRUAR 1972
(ABEND)

Śyāmasundara: Śrīla Prabhupāda, heute Nachmittag haben wir über die Notwendigkeit der Entsagung im Kṛṣṇa-Bewusstsein gesprochen. Kannst du etwas mehr darüber sagen?

Śrīla Prabhupāda: Ja. Unter der Führung des spirituellen Meisters sollte man Entsagungen auf sich nehmen. Der Mensch hat keine natürliche Neigung zur Entsagung, aber wenn man einen spirituellen Meister angenommen hat, muss man seine Anweisungen befolgen. Das ist Entsagung.

Śyāmasundara: Man *muss,* selbst wenn man sich keiner Entsagung unterziehen möchte?

Śrīla Prabhupāda: Ja, du musst. Du hast dich deinem spirituellen Meister ergeben, und somit ist seine Anweisung endgültig. Selbst wenn es dir nicht gefällt, solltest du seinen Anweisungen folgen, um ihn zu erfreuen.

Śyāmasundara: Aha.

Śrīla Prabhupāda: Aber das findest du nicht gut. (*Er lacht.*) Niemand möchte fasten. Wenn der spirituelle Meister sagt: „Heute wird gefastet", dann kannst du das nicht ändern. Ein Schüler ist jemand, der freiwillig dazu bereit ist, sich vom spirituellen Meister anweisen zu lassen. Das ist Entsagung.

Śyāmasundara: Viele Menschen in der materiellen Welt sind vom materiellen Leben völlig betört und möchten keine Entsagung auf sich nehmen oder körperlichen Schmerz erleiden, dennoch kommt das auf sie zu. Sie werden von der Natur gezwungen, Entbehrungen auf sich zu nehmen.

Śrīla Prabhupāda: Das ist erzwungene Entsagung. Sie ist von keinem Nutzen. Nur freiwillige Entsagung ist sinnvoll.

Śyāmasundara: Wenn man keine freiwillige Entsagung auf sich nimmt, wird man dann zu unfreiwilliger Entsagung gezwungen?

Śrīla Prabhupāda: Das ist der Unterschied zwischen Mensch und Tier. Im Gegensatz zum Menschen ist das Tier nicht in der Lage, sich freiwillig Entsagungen aufzuerlegen. Auf dem Kuchenstand auf dem Marktplatz sind viele leckere Süßspeisen ausgelegt. Man würde gerne davon essen, aber wenn man kein Geld hat, muss man sich der Süßspeisen enthalten. Bei der Kuh ist das ganz anders. Die Kuh kommt, steckt ihr Maul in die Kuchen, und selbst wenn du mit dem Stock auf sie einschlägst, wird sie das hinnehmen und einfach weitermachen. Tiere können keine freiwillige Entsagung auf sich nehmen.

Die Entsagung der Gottgeweihten ist im Großen und Ganzen sehr angenehm. Wir chanten „Hare Kṛṣṇa", wir tanzen, Kṛṣṇa schickt uns wohlschmeckende Speisen, und wir essen. So einfach ist das. Was gibt es schon gegen diese Entsagung einzuwenden? Chanten, tanzen und gut essen? Weil wir uns Entsagungen auferlegen, schickt uns Kṛṣṇa wunderbare Sachen. Wir vermissen nichts. Wenn du Kṛṣṇa-isiert bist, bekommst du *mehr* Annehmlichkeiten als zuvor. Das ist eine Tatsache. Ich habe die letzten zwanzig Jahre allein gelebt, aber es war nicht schwierig. Bevor ich *sannyāsa* annahm, lebte ich in Delhi, und obwohl ich dort allein gelebt hatte, ging es mir gut.

Śyāmasundara: Wenn man keine spirituelle Disziplin akzeptiert, wird einem die Natur Schicksalsschläge aufzwingen.

Śrīla Prabhupāda: Oh ja. Kṛṣṇa erklärt das in der *Bhagavad-gītā* (7.14):

daivī hy eṣā guṇamayī
mama māyā duratyayā
mām eva ye prapadyante
māyām etāṁ taranti te

„Diese Meine göttliche Energie, die aus den drei Erscheinungsweisen der materiellen Natur besteht, ist sehr schwer zu überwinden. Aber diejenigen, die sich Mir ergeben, können sie sehr leicht hinter sich lassen." *Māyā* zwingt einem so viele Schwierigkeiten auf, aber sobald man sich Kṛṣṇa ergibt, gibt es keine weitere Bürde.

Śyāmasundara: Es ist eigentlich recht dumm, aber man denkt immer: „In der Zukunft werde ich glücklich sein."

Śrīla Prabhupāda: Ja, das ist *māyā*, das ist Illusion. Es ist wie mit dem Esel. Man setzt sich auf den Rücken des Esels und hält ihm etwas Futter vor die Nase. Der Esel denkt: „Lass mich noch ein wenig nach vorne gehen, dann werde ich das Futter schon bekommen." (*Bob lacht.*) Aber der Esel ist immer einen Schritt vom Futter entfernt. Das ist Esellogik. (*Alle lachen.*) Jeder denkt: „Lass mich weitermachen. Ich werde es schon schaffen. Ich werde glücklich werden." (*Es folgt eine lange Pause. Viele Geräusche von den Fahrrädern und den Menschen auf der naheliegenden Straße.*)

Bob: Ich danke dir so sehr. Morgen werde ich dich verlassen müssen.

Śrīla Prabhupāda: Rede nicht vom *Verlassen,* rede vom *Bleiben.*

Bob: Ich kann noch nicht bleiben. Ich muss morgen an meinen Platz zurückzukehren.

Śrīla Prabhupāda: Gehe nicht dahin zurück.

Bob: Soll ich morgen hier bleiben?

Śrīla Prabhupāda: Bleib hier.

Bob: Wenn das eine Anweisung ist, werde ich bleiben.

Śrīla Prabhupāda: Du bist ein guter Junge. (*Es folgt eine lange Pause. Es ist jetzt sehr still geworden.*) Es ist ganz einfach. Wenn man Kṛṣṇa vergisst, befindet man sich in der materiellen Welt. „Kṛṣṇa" bedeutet Sein Name, Seine Gestalt, Sein Reich, Seine Spiele, alles. Wenn wir von einem König sprechen, meinen wir auch seine Regierung, seinen Palast, seine Königin, seine Söhne, seine Sekretäre, seine Armee, etc. Ist es nicht so?

Bob: Ja.

Śrīla Prabhupāda: Kṛṣṇa ist die Höchste Persönlichkeit Gottes. Sobald wir an Kṛṣṇa denken, sind wir mit Ihm und allen Seinen Energien verbunden. Wenn wir „Rādhā-Kṛṣṇa" sagen, ist alles miteinbezogen. Rādhā repräsentiert die Energien Kṛṣṇas, und Kṛṣṇa ist der Höchste Herr. Wenn wir daher von Kṛṣṇa sprechen, bezieht sich das auch auf die Lebewesen, weil sie eine der Energien Kṛṣṇas, Seine höhere Energie, sind. Und wenn diese Energie nicht dem Ursprung der Energie dient, resultiert das in materieller

Existenz. Die ganze Welt dient Kṛṣṇa nicht, oder zumindest dient sie Kṛṣṇa auf andere Weise. Die meisten dienen indirekt, so wie ein ungehorsamer Bürger. Der Ungehorsame landet aufgrund des Nichtbeachtens der Gesetze des Staates im Gefängnis, und im Gefängnis wird er gezwungen sein, den Gesetzen des Staates zu gehorchen und dem Staat zu dienen. So ist es auch mit den Lebewesen, die hier alle, entweder aus Unwissenheit oder aufgrund einer bewussten Entscheidung, gottlos sind. Sie weigern sich, die Oberhoheit Gottes anzuerkennen. Das nennt man dämonisch. Die Bewegung für Kṛṣṇa-Bewusstsein versucht nun, sie zu ihrem ursprünglichen Zustand zurückzuführen.

Bob: Ich würde dich gerne etwas Medizinisches fragen. Ich ging heute mit einigen Gottgeweihten zum Fluss hinüber und da ich eine Erkältung habe, sagte ich, dass ich heute besser nicht ins Wasser gehe. Einige dachten, ich sollte trotzdem baden, weil es ja der Ganges ist, und andere sagten, ich sollte es nicht tun, weil ich erkältet bin. Wir haben viel darüber gesprochen, aber ich verstehe die Zusammenhänge nicht ganz. Werden wir aufgrund unserer vergangenen schlechten Handlungen krank?

Śrīla Prabhupāda: Ja, das ist tatsächlich so. Beschwerden sind in der Regel auf gottloses Handeln in der Vergangenheit zurückzuführen.

Bob: Wenn aber jemand vom karmischen Einfluss befreit ist, wird er dann immer noch krank?

Śrīla Prabhupāda: Nein. Und wenn er dennoch krank wird, ist es sehr kurzzeitig. Nimm diesen Ventilator als Beispiel. Wenn du ihn abschaltest, wird sich der Rotor noch für eine Weile drehen. Diese Bewegung des Rotors ist aber nicht mehr direkt vom Strom abhängig. Wie nennt man diese Kraft?

Śyāmasundara: Schwungkraft.

Śrīla Prabhupāda: Ja, Schwungkraft. Und wenn sich die Schwungkraft erschöpft hat, gibt es keine Drehung mehr. Wenn also ein Gottgeweihter, der sich Kṛṣṇa hingegeben hat, noch unter materiellen Konsequenzen leidet, so ist dies nur zeitweilig. Ein Gottgeweihter sieht deshalb materielle Beschwerden nicht als Leiden; er sieht sie als Kṛṣṇas Barmherzigkeit.

Bob: So eine Geisteshaltung scheint nur für eine vollkommene Seele möglich zu sein.

Śrīla Prabhupāda: Eine vervollkommnete Seele beschäftigt sich vierundzwanzig Stunden am Tag im Kṛṣṇa-Bewusstsein. Das ist Vollkommenheit. Vollkommenheit bedeutet, sich im ursprünglichen Bewusstsein zu beschäftigen. Kṛṣṇa erklärt dies in der *Bhagavad-gītā* (8.15):

mām upetya punar janma
duḥkhālayam aśāśvatam
nāpnuvanti mahātmānaḥ
saṁsiddhiṁ paramāṁ gatāḥ

„Wer Mich erreicht hat, kehrt nie wieder in diese zeitweilige Welt zurück. Er hat die höchste Vollkommenheit erlangt." *Saṁsiddhi. Siddhi* bedeutet Perfektion. Das ist die Brahman-Erkenntnis, die spirituelle Erkenntnis. Und *saṁsiddhi* ist die Hingabe, die sich nach der Brahman-Erkenntnis entwickelt.

Bob: Könntest du das Letzte bitte noch einmal wiederholen?

Śrīla Prabhupāda: Über *saṁsiddhi*?

Bob: Ja.

Śrīla Prabhupāda: *Sam* bedeutet „völlig", und *siddhi* bedeutet „Perfektion". In der *Bhagavad-gītā* steht, dass jemand, der nach Hause, zu Gott, zurückkehrt, die vollständige Perfektion erreicht hat. Man erlangt diese Vollkommenheit, wenn man verwirklicht hat, dass man nicht der Körper, sondern eine spirituelle Seele ist. Diese Stufe nennt man *brahma-bhūta*, die Stufe der Brahman-Erkenntnis. Und nach der Brahman-Erkenntnis kommt *saṁsiddhi*, die Vollkommenheit, die man ereicht, wenn man sich im hingebungsvollen Dienst beschäftigt. Die Brahman-Erkenntnis ist bereits vorhanden, wenn man sich im hingebungsvollen Dienst beschäftigt, deshalb *saṁsiddhi*.

Bob: Ich frage dich das sehr demütig. Wirst du ab und zu noch krank?

Śrīla Prabhupāda: Ja.

Bob: Ist das die Folge von vorangegangenem Karma?

Śrīla Prabhupāda: Ja.

Bob: In der materiellen Welt entkommt man also seinem Karma nie vollständig?

Śrīla Prabhupāda: Doch, man entkommt. Für einen Gottgeweihten gibt es kein weiteres Karma mehr. Keine weiteren karmischen Reaktionen.

Bob: Das gilt aber nur für die Gottgeweihten auf der höchsten Stufe, wie dich, oder?

Śrīla Prabhupāda: Nein, ich halte mich nicht für einen Gottgeweihten auf der höchsten Stufe. Ich bin der niedrigste.

Bob: Auf keinen Fall.

Śrīla Prabhupāda: *Du* bist der höchste Gottgeweihte.

Bob (*lacht*)**:** Schön wär's! Was du sagst, scheint immer richtig zu sein. Das heißt, du bist der höchste Gottgeweihte.

Śrīla Prabhupāda: Um zu predigen, steigt selbst der höchste Gottgeweihte auf eine niedrigere Stufe herab.

Bob: Was würde er auf der höchsten Stufe tun?

Śrīla Prabhupāda: Auf der höchsten Stufe predigt der Gottgeweihte nicht.

Bob: Warum nicht?

Śrīla Prabhupāda: Er sieht keinen Anlass. In seinen Augen ist jeder ein Gottgeweihter. Er betrachtet niemanden als Nichtgottgeweihten. Für ihn ist jeder ein Gottgeweihter. Solch einen Gottgeweihten bezeichnet man als *uttama-adhikārī*. Wenn ich predigen möchte, darf ich mich nicht als hochgestellter Gottgeweihter sehen. Genau wie Rādhārāṇī; Sie betrachtet niemanden als Nichtgottgeweihten. Deshalb verehren wir Rādhārāṇī.

Bob: Wer ist das?

Śrīla Prabhupāda: Rādhārāṇī, Kṛṣṇas Gefährtin.

Bob: Aha.

Śrīla Prabhupāda: Wenn du dich an Rādhārāṇī wendest, wird Sie dich Kṛṣṇa empfehlen: „Hier ist ein wunderbarer Gottgeweihter. Er ist besser als Ich." Kṛṣṇa kann den Gottgeweihten dann nicht ablehnen. Man darf sich selbst aber nicht so sehen. Man darf nicht denken: „Ich bin ein hochgestellter Gottgeweihter." *Īśvare tad-adhīneṣu bāliśeṣu dviṣatsu ca.* Der Gottgeweihte auf der zweithöchsten Stufe denkt, manche Menschen seien auf Gott neidisch, aber der Gottgeweihte auf der höchsten Stufe denkt nicht so. Der Gottgeweihte auf der höchsten Stufe denkt: „Niemand ist auf Gott neidisch. Alle sind auf einer höheren Stufe als ich." Genau wie Kṛṣṇadāsa Kavirāja, der Verfasser des *Caitanya-caritāmṛta*. Er sagte: „Ich bin niedriger als der Wurm im Kot."

Bob: Wer sagte das?

Śrīla Prabhupāda: Kṛṣṇadāsa Kavirāja, der Verfasser des *Caitanya-*

caritāmṛta: purīṣera kīta haite muñi se laghiṣṭha. Er täuschte das nicht vor. Das war seine echte Einstellung. „Ich bin der Niedrigste. Jeder ist höhergestellt als ich. Ich bin der Niedrigste von allen. Jeder andere beschäftigt sich in Kṛṣṇas Dienst. Ich tue es nicht." Caitanya Mahāprabhu sagte: „Ich habe nicht einen Funken Hingabe an Kṛṣṇa. Ich weine nur, um bei anderen einen Eindruck zu machen. Wäre Ich tatsächlich ein Geweihter Kṛṣṇas, wäre Ich schon längst gestorben. Aber Ich lebe. Das bedeutet, dass Ich Kṛṣṇa nicht liebe." Das ist die Sicht des Gottgeweihten auf der höchsten Stufe. Er ist so sehr in Liebe zu Kṛṣṇa vertieft, dass er sagt: „Jeder andere ist ein Geweihter, aber ich bin so gefallen, dass ich Gott nicht sehen kann." Das ist der Gottgeweihte auf der höchsten Stufe.

Bob: Ein Gottgeweihter sorgt sich also um die Befreiung aller?

Śrīla Prabhupāda: Ja. Ein Gottgeweihter sollte unter der Leitung eines echten spirituellen Meisters leben und nicht die Gottgeweihten auf der höchsten Stufe nachahmen.

Śyāmasundara: Du hast einmal gesagt, dass es vorkommt, dass du durch die sündhaften Handlungen deiner Schüler krank wirst oder Schmerz empfindest. Ist Krankheit im allgemeinen auf so etwas zurückzuführen?

Śrīla Prabhupāda: Es verhält sich folgendermaßen. Kṛṣṇa sagt: *ahaṁ tvām sarva-pāpebhyo mokṣayiṣyāmi mā śucaḥ.* „Ich werde dich von allen sündhaften Reaktionen befreien. Fürchte dich nicht." Kṛṣṇa ist so mächtig, dass Er augenblicklich die Sünden aller Menschen auf Sich nehmen und aufheben kann. Wenn nun jemand diese Rolle im Auftrag Kṛṣṇas übernimmt, übernimmt er auch die Verantwortung für die sündhaften Handlungen seiner Geweihten. Deshalb ist es nicht einfach, Guru zu sein. Verstehst du das? Der Guru muss alle diese Verunreinigungen aufnehmen und absorbieren. Aber weil er nicht Kṛṣṇa ist, wirkt sich dies manchmal negativ auf seine Gesundheit aus.

Śrī Caitanya Mahāprabhu hat deshalb angewiesen: „Nimm nicht viele Schüler an." Aber weil es uns in erster Linie ums Predigen und um die Erweiterung der Mission geht, haben wir keine andere Wahl als viele Schüler anzunehmen, selbst wenn es bedeutet, dass wir dafür leiden müssen. Der spirituelle Meister ist für die sündhaften Handlungen seiner Schüler verantwortlich. Es ist riskant, viele Schüler anzunehmen. Man muss imstande sein, deren Sünden auf sich zu nehmen.

vāñchā-kalpa-tarubhyaś ca
kṛpā-sindhubhya eva ca
patitānāṁ pāvanebhyo
vaiṣṇavebhyo namo namaḥ

„Ich erweise allen Vaiṣṇava-Geweihten des Herrn meine achtungsvollen Ehrerbietungen. Sie gleichen Wunschbäumen, die die Wünsche eines jeden erfüllen können, und sie sind voller Mitleid mit den gefallenen bedingten Seelen." Der spirituelle Meister übernimmt die Verantwortung für die gefallenen Seelen. Diesen Gedanken findet man auch in der Bibel. Jesus Christus nahm alle sündhaften Reaktionen der Menschen auf sich und opferte sein Leben. Das ist die Verantwortung eines spirituellen Meisters. Weil Kṛṣṇa Kṛṣṇa ist, ist Er *apāpa-viddha*. Er ist sündhaften Reaktionen nicht ausgesetzt. Aber die Lebewesen sind den Reaktionen ausgesetzt, weil sie so klein sind. Das Beispiel vom großen und vom kleinen Feuer: Wenn du einen großen Gegenstand in ein kleines Feuer legst, kann er das Feuer auslöschen. Aber wenn du einen kleinen Gegenstand in ein großes Feuer legst, wird das Feuer den Gegenstand verzehren. Ein großes Feuer kann alles verzehren.

Bob: Hat Jesus auf diese Weise gelitten?

Śrīla Prabhupāda: Er nahm die sündhaften Reaktionen aller Menschen auf sich. Deshalb hat er gelitten.

Bob: Ich verstehe.

Śrīla Prabhupāda: In der Bibel heißt es, dass er sein Leben geopfert hat, um die sündhaften Reaktionen der Menschheit auf sich zu nehmen. Leider machen die Christen Jesus nun weiterhin für ihre Reaktionen verantwortlich, während sie allen möglichen Unsinn treiben. Das ist fürchterlich. Sie haben Jesus Christus unter Vertrag genommen, damit er auch weiterhin alle Reaktionen auf sich nimmt und damit sie mit ihrem sündhaften Leben fortfahren können. Das ist die christliche Religion. Jesus war so großmütig, dass er alle ihre Sünden auf sich genommen und dafür gelitten hatte, aber die Christen möchten mit ihren Sünden nicht aufhören. Aufzuhören ist ihnen noch nicht in den Sinn gekommen. Sie machen es sich sehr leicht: „Jesus Christus soll leiden, und wir treiben weiterhin allen möglichen Unsinn." Ist es nicht so?

Bob: Ja, so ist es.

Śrīla Prabhupāda: Sie sollten sich eigentlich schämen: „Der Herr Jesus Christus hat für uns gelitten, aber wir machen weiter mit unseren sündhaften Handlungen." Er sagte: „Du sollst nicht töten", aber sie frönen dem Töten, vor allem der Tiere, und denken: „Der Herr Jesus Christus wird uns verzeihen und alle sündhaften Reaktionen auf sich nehmen."

Man sollte sehr bedachtsam sein: „Mein spiritueller Meister wird für meine sündhaften Handlungen leiden müssen. Deshalb lege ich alles daran, nicht mehr sündhaft zu handeln." Das ist die Pflicht des Schülers. Nach der Einweihung sind die sündhaften Reaktionen beendet. Wenn der Schüler aber weiterhin sündhaft handelt, muss sein spiritueller Meister dafür leiden. Der Schüler sollte mitfühlend und sich dessen bewusst sein, dass sein spiritueller Meister für seine sündhaften Handlungen leiden muss. Wenn der spirituelle Meister krank wird, ist dies auf die sündhaften Handlungen seiner Schüler zurückzuführen. „Nimm nicht viele Schüler an.“ Dennoch tun wir es, für das Predigen. Egal ob wir leiden müssen oder nicht, wir nehmen sie dennoch als Schüler an.

Deine Frage lautete also, ob ich aufgrund meiner vergangenen Verfehlungen leide. Ja, meine Verfehlung besteht darin, dass ich Schüler angenommen habe, die nicht ernsthaft sind. *Das* ist meine Verfehlung.

Bob: Kommt das vor?

Śrīla Prabhupāda: Ja, sicherlich kommt es vor, weil ich so viele Schüler annehme. Es ist die Pflicht des Schülers, bedachtsam zu sein: „Mein spiritueller Meister hat mich gerettet. Ich sollte ihn nicht dafür leiden lassen.“ Natürlich ist es auch so, dass Kṛṣṇa den spirituellen Meister vor Leiden beschützt. Kṛṣṇa denkt: „Hier ist jemand, der sehr viel Verantwortung auf sich genommen hat, um gefallene Seelen zu retten.“ Kṛṣṇa sagt also: *kaunteya pratijānīhi na me bhaktaḥ praṇaśyati*. „O Sohn Kuntīs, verkünde kühn, dass Mein Geweihter niemals vergeht.“ Der spirituelle Meister ist beschützt, weil er für Kṛṣṇa Risiken auf sich nimmt.

Bob: Dein Leiden ist also nicht die gleiche Art von Schmerz, die wir fühlen?

Śrīla Prabhupāda: Nein, es ist nicht auf Karma zurückzuführen. Der Schmerz ist manchmal da, damit die Schüler verstehen: „Aufgrund unserer sündhaften Handlungen leidet unser spiritueller Meister.“

Bob: Du siehst eigentlich sehr gesund aus.

Śrīla Prabhupāda: Mir geht es immer gut. Ich weiß, dass Kṛṣṇa mich beschützt, selbst wenn Leiden ansteht. Diese Art von Leiden kommt nicht von *meinen* sündhaften Handlungen.

Bob: In der Stadt, in der ich lebe, benutze ich nur abgekochtes Wasser, weil dort Krankheitserreger im Wasser vorkommen. Ich frage mich nun, warum ich sterilisiertes Wasser trinken soll, wenn ich doch rechtschaffen genug war, um keine Krankheit zu bekommen? Dann könnte ich doch eigentlich jegliches Wasser trinken. Und wenn ich nicht rechtschaffen war, dann werde ich ohnehin krank werden.

Śrīla Prabhupāda: Solange du in der materiellen Welt lebst, kannst du die Naturgesetze nicht ignorieren. Angenommen du gehst in einen Dschungel und dort ist ein Tiger. Alle haben dir gesagt, dass der Tiger angriffslustig ist. Warum würdest du nun freiwillig dorthin gehen und dich angreifen lassen? Ein Gottgeweihter sollte kein unnötiges körperliches Risiko eingehen und denken: „Ich bin ein Gottgeweihter. Ich kann alles herausfordern." Das ist Dummheit.

anāsaktasya viṣayān
yathārham upayuñjataḥ
nirbandhaḥ kṛṣṇa-sambandhe
yuktaṁ vairāgyam ucyate

Der Gottgeweihte soll seinen Lebensunterhalt ohne Anhaftung entgegennehmen. Er kann sterilisiertes Wasser benutzen. Aber wenn kein sterilisiertes Wasser verfügbar ist, wird er gewöhnliches Wasser trinken. Wir nehmen eigentlich nur *kṛṣṇa-prasāda,* geheiligtes Essen, zu uns, aber wenn wir reisen, müssen wir manchmal im Hotel essen. Soll ein Gottgeweihter nun denken: „Ich werde nichts im Hotel essen. Ich werde lieber hungern"? Wenn ich hungere, werde ich schwach, und ich werde nicht imstande sein zu predigen.

Bob: Verliert ein Gottgeweihter etwas von seiner Individualität?

Śrīla Prabhupāda: Nein. Er hat volle Individualität, um Kṛṣṇa zu erfreuen. Kṛṣṇa sagt: „Ergib dich Mir." Der Gottgeweihte ergibt sich deshalb freiwillig. Er hat nicht seine Individualität verloren. Er behält sie. Genau wie Arjuna. Am Anfang lehnte er es aufgrund seiner Individualität ab zu kämpfen. Aber dann nahm er Kṛṣṇa als seinen spirituellen Meister an und wurde Sein Schüler. Von da an war er mit allen Anweisungen Kṛṣṇas einverstanden. Er hatte seine Individualität nicht verloren. Er stimmte freiwillig zu: „Was immer Kṛṣṇa sagt, werde ich tun."

Es ist das Gleiche mit meinen Schülern. Sie haben ihre Individualität nicht verloren, sie opfern sie in Hingabe. Das ist eine Voraussetzung im spirituellen Leben. Es ist nicht so, dass ein Mann impotent ist, nur weil er seine sexuellen Beziehungen aufgegeben hat. Wenn er möchte, könnte er tausendmal Geschlechtsverkehr haben. Aber er enthält sich freiwillig. *Paraṁ dṛṣṭvā nivartate:* Er hat einen höheren Geschmack entwickelt. Manchmal fasten wir, aber das bedeutet nicht, dass wir krank sind. Wir fasten freiwillig. Wir sind hungrig und könnten essen, aber wir fasten aus freiem Willen.

Bob: Behält ein hingegebener Gottgeweihter seine individuellen Neigungen für bestimmte Dinge?

Śrīla Prabhupāda: Ja.

Bob: Er behält also seine individuellen Vorlieben und Abneigungen?

Śrīla Prabhupāda: Ja, er behält sie. Aber er gibt Kṛṣṇa den Vorrang. Angenommen, ich mag etwas sehr gerne, aber Kṛṣṇa sagt: „Nein, das sollst du nicht nehmen." Dann werde ich es nicht nehmen. Kṛṣṇa zuliebe gebe ich es auf. Und wenn Kṛṣṇa sagt: „Ich mag das", dann geben wir es Ihm und akzeptieren es danach als *prasāda*. Kṛṣṇa mag Rādhārāṇī sehr. Deshalb versuchen alle *gopīs*, Rādhārāṇī zu Kṛṣṇa zu drängen. „Kṛṣṇa mag diese *gopī*. Gut, dann drängen wir diese *gopī* zu Ihm." Das ist Kṛṣṇa-Bewusstsein. Wir stellen Kṛṣṇas Sinne zufrieden, nicht unsere. Das ist *bhakti*. Man nennt es auch *prema,* Liebe zu Kṛṣṇa. „Oh, Kṛṣṇa mag dies. Ich werde es Ihm geben."

Bob: Ich mag manche Arten von *prasāda,* und andere mag ich überhaupt nicht.

Śrīla Prabhupāda: Das ist nicht gut. Die Vollkommenheit besteht darin, das anzunehmen, was Kṛṣṇa dargebracht wurde. Du solltest nicht sagen: „Das mag ich, und das mag ich nicht". Solange du solche Unterscheidungen triffst, hast du nicht verstanden, was *prasāda* ist. Besser keine Abneigung oder Vorliebe. Was immer Kṛṣṇa mag, das nehmen wir an.

Ein Gottgeweihter: Aber wie ist es, wenn jemand für Kṛṣṇa Speisen zubereitet, aber kein guter Koch ist?

Śrīla Prabhupāda: Wenn er die Speisen aufrichtig und mit Hingabe zubereitet, wird Kṛṣṇa sie mögen. Genau wie Vidura: Vidura wollte Kṛṣṇa Bananen anbieten, war aber so in Gedanken versunken, dass er die Bananen fortwarf und Kṛṣṇa die Schalen gab. Und was tat Kṛṣṇa? Kṛṣṇa aß die Schalen. (*Alle lachen.*) Kṛṣṇa sah, dass Vidura Ihm die Bananenschalen mit viel Hingabe dargebracht hatte. Kṛṣṇa isst alles, vorausgesetzt, es wurde mit Hingabe geopfert. Es spielt keine Rolle, ob es materiell gesehen schmackhaft ist oder nicht. Ebenso nimmt ein Gottgeweihter *kṛṣṇa-prasāda* an, unabhängig davon, ob es gut schmeckt oder nicht. Wir sollten alles annehmen.

Ein Gottgeweihter: Und wenn die Hingabe fehlt?

Śrīla Prabhupāda: Wenn die Hingabe fehlt, mag Kṛṣṇa die Speisen nicht, egal, wie gut sie schmecken oder nicht schmecken. Er nimmt sie nicht an.

Ein Gottgeweihter: In Indien …

Śrīla Prabhupāda: Ach, Indien, Indien. Sprich nicht von Indien! Sprich über Philosophie. Ohne Hingabe nimmt Kṛṣṇa nichts an, egal ob das in Indien ist oder in deinem eigenen Land. Kṛṣṇa ist nicht verpflichtet, etwas anzunehmen, nur weil es teuer oder wohlschmeckend ist. Kṛṣṇa hat in Vaikuṇṭha unendlich viele wohlschmeckende Speisen. Er hat kein Verlangen nach deinem Essen. Er nimmt deine Hingabe an, deine *bhakti*. Das Entscheidende ist die Hingabe, nicht das Essen. Kṛṣṇa nimmt keine Nahrung aus dieser materiellen Welt an. Er nimmt nur die Hingabe an.

patraṁ puṣpaṁ phalaṁ toyam
yo me bhaktyā prayacchati
tad ahaṁ bhakty-upahṛtam
aśnāmi prayatātmanaḥ

„Wenn Mir jemand mit Liebe und Hingabe ein Blatt, eine Blume, eine Frucht oder etwas Wasser opfert, werde Ich es annehmen." (*Bhagavad-gītā* 9.26)

„Weil es Mir mit Liebe und Hingabe geopfert wurde", darum geht es. Wir erlauben niemandem zu kochen, der kein Gottgeweihter ist, denn Kṛṣṇa akzeptiert nichts von einem Nichtgottgeweihten. Warum sollte Er? Er ist nicht hungrig. Er braucht keine Nahrung. Kṛṣṇa geht es nur um die Hingabe.

Man sollte deshalb ein guter Gottgeweihter werden, nicht ein guter Koch. Als Gottgeweihter wird man automatisch zu einem guten Koch. Die guten Eigenschaften manifestieren sich, wenn man ein Gottgeweihter wird. Wenn man aber ein Nichtgottgeweihter ist, sind selbst die guten Eigenschaften nutzlos, weil man sich auf der mentalen Ebene befindet.

Bob: Ich bin mir noch nicht ganz im Klaren über *prasāda*.

Śrīla Prabhupāda: *Prasāda* ist immer *prasāda*. Aber wenn man nicht sehr fortgeschritten ist, gibt es *prasāda,* das man nicht so gern mag.

Bob: Meines Erachtens ist *prasāda* manchmal zu stark gewürzt und schadet meinem Magen.

Śrīla Prabhupāda: Na ja, das kann auch an der mangelnden Wertschätzung liegen. Und der Koch sollte natürlich auch Rücksicht nehmen. Kṛṣṇa sollten nur erstklassige Speisen angeboten werden. Wenn der Koch minderwertige Speisen darbringt, erfüllt er seine Pflicht nicht. Kṛṣṇa nimmt alles an, wenn es Ihm von einem Gottgeweihten dargebracht wird. Ebenso nimmt ein Gottgeweihter *prasāda* an, selbst wenn es sehr stark gewürzt ist. Der Dämon Hiraṇyakaśipu wollte seinen Sohn vergiften. Der Sohn opferte das Gift zu Kṛṣṇa, trank es, als wäre es Nektar, und blieb völlig unversehrt.

Selbst *prasāda,* das zu stark gewürzt ist, schmeckt dem Gottgeweihten. Was sind schon ein paar Gewürze? Die Dämonin Pūtanā bot Kṛṣṇa reines Gift an. Aber Kṛṣṇa ist so wohlmeinend, dass Er selbst in dieser Situation dachte: „Sie gibt Mir Milch wie eine Mutter", und so nahm Er das Gift an und erlöste sie. Kṛṣṇa sieht nicht das Schlechte an einer Sache. Selbst ein guter Mensch sieht überall nur das Gute. Einer meiner Gottbrüder wollte mit meinem spirituellen Meister nur Geschäfte machen, aber mein Meister sah darin nichts Schlechtes. Er sah nur das Gute und dachte: „Er hat sich angeboten, mir zu dienen."

Bob: Angenommen man hat ein körperliches Problem und kann nur eine bestimmte Art von Nahrung zu sich nehmen. Manche Gottgeweihte haben zum Beispiel Probleme mit der Leber und essen deshalb kein Butterfett, kein Ghee. Sollten diese Gottgeweihten trotzdem jegliche Art von *prasāda* essen?

Śrīla Prabhupāda: Nein. Gottgeweihte, die noch nicht die Stufe der

Perfektion erreicht haben, können natürlich Unterschiede machen. Aber ein vollkommener Gottgeweihter unterscheidet nicht mehr. Man sollte einen vollkommenen Gottgeweihten allerdings nicht nachahmen. Solange du noch Unterscheidungen triffst, bist du kein vollkommener Gottgeweihter. Warum solltest du also einen vollkommenen Geweihten nachahmen und alles essen?

Ein vollkommener Gottgeweihter unterscheidet nicht mehr. Was Kṛṣṇa dargebracht wurde, ist für ihn Nektar. Das ist alles. Kṛṣṇa nimmt von einem Gottgeweihten alles an: „Was immer Mir von Meinem Geweihten angeboten wird, nehme Ich an." Das gleiche gilt für einen reinen Gottgeweihten. Verstehst du diesen Punkt? Ein vollkommener Gottgeweihter unterscheidet nicht. Wenn ich aber kein vollkommener Gottgeweihter bin und noch Unterschiede sehe, warum sollte ich dann den vollkommenen Gottgeweihten nachahmen? Ich kann wahrscheinlich nicht alles verdauen, weil ich die Perfektion als Geweihter noch nicht erreicht habe. Ein Gottgeweihter sollte nicht aus Dummheit handeln. Es heißt: *kṛṣṇa ye bhaje se baḍa catura.* Ein Gottgeweihter kennt seine Stellung und ist intelligent genug, sich gemäß seiner Stellung zu verhalten.

7

Handeln im Wissen um Kṛṣṇa

MĀYĀPUR, INDIEN

29. FEBRUAR 1972

(ABEND, FORTSETZUNG)

Ein indischer Besucher: Durch welche Taten bekommt man gutes Karma?

Śrīla Prabhupāda: Gutes Karma ist in den Veden beschrieben. In erster Linie wird gesagt, dass man *yajña* ausführen soll. *Yajña* sind Taten, die Viṣṇu, den Höchsten Herrn, zufriedenstellen. Gutes Karma besteht also aus der Ausführung von *yajñas,* wie sie in den vedischen Schriften vorgeschrieben sind.

Ein guter, gesetzestreuer Bürger ist jemand, der mit seinen Taten die Regierung seines Landes zufriedenstellt. In ähnlicher Weise besteht gutes Karma aus Taten, die Śrī Viṣṇu, den Höchsten Herrn, zufriedenstellen. Leider wissen die Menschen heutzutage nicht mehr, wer Gott ist, geschweige denn, wie man Ihn zufriedenstellt. Sie sind noch mit materiellen Dingen beschäftigt, das heißt, sie führen schlechtes Karma aus und leiden deshalb. Sie sind Blinde, die von anderen Blinden geführt werden. Alle leiden unter schlechtem Karma. Verstehst du das? Wer Verbrechen begeht, wird leiden, und wer für den Staat etwas Gutes tut oder sich für die Menschen einsetzt, bekommt Anerkennung, vielleicht sogar einen Ehrentitel. Das ist gutes und schlechtes Karma.

Aufgrund von gutem Karma erhält man materielles Glück und aufgrund von schlechtem Karma materielles Leid. Durch gutes Karma wird man in einer guten Familie geboren; man erhält Reichtümer, Geld, eine gute Ausbildung oder man bekommt einen sehr schönen Körper.

Bob: Und was ist, wenn man sich nicht über Gott bewusst ist?

Śrīla Prabhupāda: Dann ist man ein Tier. Wenn man nicht über Gott Bescheid weiß oder noch nicht einmal versucht, über Ihn Bescheid zu wissen, ist man auf der tierischen Ebene.

Bob: Was ist mit den unschuldigen Menschen?

Śrīla Prabhupāda: Die Tiere sind unschuldig. Wenn du ihnen die Kehle durchschneidest, protestieren sie nicht. Unschuld allein bringt nichts. Es geht um Intelligenz. Du musst intelligent sein, um Kṛṣṇa zu verstehen. Sei kein unschuldiger, gutgläubiger Ignorant. Gutgläubigkeit ist in Ordnung, aber du musst Intelligenz hinzufügen.

Bob: Könntest du noch mal erklären, was Intelligenz ist?

Śrīla Prabhupāda: Intelligenz bedeutet, dass man weiß, wer man ist, was die Welt ist, was Gott ist und wie das alles zusammenhängt. Das Tier weiß nicht, was es ist. Das Tier denkt, es sei der Körper. Mit anderen Worten, wenn man nicht weiß, was oder wer man ist, ist man nicht intelligent.

Bob: Was ist mit jemandem, der versucht aufrichtig und gewissenhaft zu handeln, obwohl er nicht unbedingt so handeln müsste?

Zum Beispiel der Diener, der seinem Herrn gegenüber aufrichtig ist, obwohl er weiß, dass er sich Unaufrichtigkeit leisten könnte, ohne entdeckt zu werden. Wenn so jemand dennoch aufrichtig bleibt, ist das dann gutes Karma?

Śrīla Prabhupāda: Ja. Aufrichtig zu sein ist auch gutes Karma. Die *Bhagavad-gītā* beschreibt ausführlich, wie man ein guter Mensch wird: *daivi sampad vimokṣāya nibhandhāyāsurī matā.* Wenn wir *daivī sampad,* transzendentale Eigenschaften, entwickeln, kommt *vimokṣāya:* wir werden befreit werden. Wenn wir hingegen dämonische Eigenschaften entwickeln, werden wir mehr und mehr verstrickt. Das nennt man *nibhandhāyāsurī.* Leider wissen die Menschen heutzutage nicht, was Befreiung und was Verstrickung ist. Die Menschen sind so unwissend geworden.

Wenn ich nun *dich* frage, was Befreiung ist, kannst du das beantworten? (*Keine Antwort.*) Und wenn ich dich frage, was Verstrickung ist, kannst du das beantworten? (*Wieder keine Antwort.*) Das Thema über Befreiung und Verstrickung wird in den vedischen Schriften genauestens behandelt, aber heutzutage haben die Menschen noch nicht einmal ein Konzept davon. Sie sind im Großen und Ganzen unwissend, aber trotzdem so stolz auf ihren wissenschaftlichen Fortschritt. Du bist ein Professor, ein Lehrer. Kannst du erklären, was Befreiung ist?

Bob: Nicht wirklich. Wenn ich es könnte, würde ich wahrscheinlich sehr schnell befreit werden.

Śrīla Prabhupāda: Schnell oder langsam spielt keine Rolle, wenn du noch nicht einmal weißt, was Befreiung ist. Zuerst musst du verstehen, was Befreiung bedeutet. Wenn du in einem Zug sitzt und keine Ahnung hast, wohin er fährt, was spielt es dann für eine Rolle, ob er schnell oder langsam fährt? Nun erkläre mal, was Befreiung ist. Du fragst *mich* die ganze Zeit. Jetzt frage ich *dich.*

Bob (*lacht*)**:** Hm. Lass mich darüber nachdenken.

Śrīla Prabhupāda: Das *Śrīmad-Bhāgavatam* behandelt das Thema Befreiung. Der Sanskritbegriff für Befreiung ist *mukti* und wird im *Śrīmad-Bhāgavatam* folgendermaßen definiert: *muktir hitvānyathā rūpaṁ svarūpeṇa vyavasthitiḥ*. Gib allen Unfug auf und situiere dich in deiner ursprünglichen Stellung. Das ist Befreiung. Leider haben die Menschen heutzutage keine Ahnung von der Existenz dieser ursprünglichen Stellung und wie man in ihr lebt. Die Menschen wissen nichts über das Leben. Es ist wirklich schade. Sie haben kein Wissen.

Bob: Kannst du mir sagen, wer aufrichtig ist?

Śrīla Prabhupāda: Aufrichtig kann man nur sein, wenn man Aufrichtigkeit versteht. Was meinst du mit Aufrichtigkeit?

Bob: Ich würde sagen, aufrichtig zu sein bedeutet, das zu tun, wovon man überzeugt ist.

Śrīla Prabhupāda: Der Dieb ist überzeugt davon, dass er stehlen muss: „Ich muss stehlen, um für meine Kinder zu sorgen. Es ist recht so." Bedeutet das, dass er aufrichtig ist? Der Metzger denkt: „Ich muss die Tiere schlachten. Das ist mein Lebensunterhalt." Nārada Muni hatte einmal einen Jäger getroffen und fragte ihn: „Warum bringst du so viele Tiere um?" Er meinte: „Das ist mein Beruf. Mein Vater hat es mir so beigebracht." Er hatte es also aus aufrichtiger Überzeugung getan. Das Gefühl für Aufrichtigkeit ist kulturell abhängig. Für einen Dieb ist Stehlen Teil seiner Kultur. Er betrachtet Stehlen als aufrichtige Arbeit.

Bob: Was ist dann Rechtschaffenheit?

Śrīla Prabhupāda: Das ist eine gute Frage. Wirkliche Rechtschaffenheit bedeutet, dass man sich nicht am Besitz eines anderen vergreift. Dieser Tisch hier gehört mir. Wenn du ihn mir wegnimmst, bist du nicht rechtschaffen. Rechtschaffenheit bedeutet, die Rechte eines anderen nicht zu verletzen.

Bob: Jemand, der aufrichtig und rechtschaffen ist, befindet sich also in der Erscheinungsweise der Tugend. Ist das richtig?

Śrīla Prabhupāda: Ja, sicherlich. Die Erscheinungsweise der Tugend bedeutet Wissen. Wenn du also weißt: „Dieser Tisch gehört Swamijī; er gehört nicht mir“, wirst du ihn mir nicht wegnehmen. Um aufrichtig und rechtschaffen zu sein, muss man wissen, wem Dinge gehören.

Bob: Du hast gesagt, die Erscheinungsweise der Tugend sei Wissen über Gott, aber man kann doch auch rechtschaffen sein ohne jegliche Gotteserkenntnis, ohne sich im Geringsten über die Beziehung zwischen Gottes Wunsch für Rechtschaffenheit und der eigenen Rechtschaffenheit bewusst zu sein.

Śrīla Prabhupāda: Gott möchte, dass jeder rechtschaffen ist. Warum sollte Gott anders denken?

Bob: Kann man Gottes Wünsche befolgen, ohne zu wissen, dass man sie befolgt?

Śrīla Prabhupāda: Nein, „befolgen“ ohne zu wissen ist absurd. Man muss die Anweisung Gottes kennen. Das Befolgen der Anweisung ist Rechtschaffenheit.

Bob: Man kann also nicht wirklich rechtschaffen sein, ohne Gott zu kennen?

Śrīla Prabhupāda: So ist es, denn Gott ist der absolute Besitzer, der absolute Nutznießer und der absolute Gönner. So steht es in der *Bhagavad-gītā*. Wer diese drei Dinge weiß, hat vollkommenes Wissen. Nur diese drei Tatsachen: Dass Gott der Besitzer von allem ist, dass Er der Gönner eines jeden ist und dass Er der letztliche Nutznießer aller Dinge ist. Man kann zum Beispiel sagen, dass der Magen in unserem Körper der Nutznießer ist, nicht die Hände, die Beine, die Augen oder die Ohren, die nur dazu da sind, um dem Magen zu helfen. Genau wie die Adleraugen. Der Adler steigt mehrere Kilometer in die Luft, um mit seinen scharfen Augen zu sehen, wo es Nahrung gibt. Dann benutzt er seine Flügel, um an den perfekten Platz zu gelangen, und mit seinen Klauen greift er die Nahrung. Dennoch ist der Magen der letztliche Nutznießer dieses Zusammenwirkens. Ist es nicht so?

Bob: Ja, das stimmt schon.

Śrīla Prabhupāda: Ebenso wie der Magen in unserem Körper der Nutznießer ist, ist Kṛṣṇa, Gott, die zentrale Figur der gesamten kosmischen Manifestation, sowohl der materiellen als auch der spirituellen. Er ist der Nutznießer.

Wenn wir einen menschlichen oder tierischen Körper betrachten, der ja ebenfalls eine gewisse Schöpfung ist, erkennen wir Prinzipien, die wir auch im Universum vorfinden. In jedem Körper gibt es eine Art Magen, den man als den zentralen Nutznießer bezeichnen kann. Der Magen ist zudem auch ein Gönner. Ohne ihn könnten wir keine Nahrung verdauen, und unsere anderen Körperglieder würden schwach werden. Der Magen verdaut die Nahrung und verteilt die Energie an die anderen Teile des Körpers. Richtig?

Bob: Ja.

Śrīla Prabhupāda: In ähnlicher Weise ist Gott, Kṛṣṇa, der zentrale „Magen" der gesamten Schöpfung. Er ist der Nutznießer, und gleichzeitig der Gönner. Als der höchste Besitzer versorgt Er jedes Lebewesen mit dem Nötigen, genau wie ein König, der die Bürger seines Landes versorgen kann, weil er unermesslich viel besitzt. Ohne Besitz kann man nicht der Gönner eines jeden sein.

Kṛṣṇa ist der höchste Nutznießer, Kṛṣṇa ist der höchste Besitzer, und Kṛṣṇa ist der höchste Gönner. Wer diese drei Dinge versteht, hat vollständiges Wissen und braucht sich nicht um weiteres Wissen zu bemühen. *Yasmin vijñāte sarvam evaṁ vijñātaṁ bhavati.*

Wenn man Kṛṣṇa durch diese einfache Formel versteht, hat man vollständiges Wissen. Weiteres Wissen wird nicht mehr benötigt. Aber die Menschen wollen das nicht einsehen. „Warum soll Kṛṣṇa der Besitzer sein? Warum nicht Hitler oder Nixon?" Diese Einstellung sehen wir überall. Sie ist der Grund für die meisten Probleme.

Niemand will diese drei Tatsachen über Kṛṣṇa akzeptieren. Wir weigern uns, und das ist die Ursache unserer Probleme. Kṛṣṇa beschreibt das ganz klar in der *Bhagavad-gītā* (5.29):

bhoktāraṁ yajña-tapasāṁ
sarva-loka-maheśvaram
suhṛdaṁ sarva-bhūtānāṁ
jñātvā māṁ śāntim ṛcchati

„Derjenige, der sich vollkommen über Mich bewusst ist und weiß, dass Ich der letztliche Nutznießer aller Opfer und Entsagungen, der Höchste Herr aller Planeten und Halbgötter und der Wohltäter und wohlmeinende Freund aller Lebewesen bin, erlangt Frieden von den Qualen des materiellen Daseins." Aber wir wollen das nicht annehmen. Wir beharren auf so vielen falschen Besitzern, falschen Gönnern und falschen Nutznießern, die letztlich alle miteinander kämpfen. Das ist die Weltlage. Würden die Menschen echtes Wissen annehmen, gäbe es augenblicklich Frieden, *śāntim ṛcchati*. Wer wahres Wissen anerkennt und danach lebt, ist rechtschaffen. Er behauptet nicht: „Das gehört mir". Er weiß: „Alles gehört Kṛṣṇa. Deshalb sollte alles für Kṛṣṇas Dienst verwendet werden." Das ist Rechtschaffenheit.

Nimm diesen Stift als Beispiel. Meine Schüler sollten mich schon aus reiner Etikette fragen, ob sie ihn benutzen können. Ich werde sagen: „Ja, natürlich kannst du ihn benutzen". Wenn ich nun weiß, dass alles Kṛṣṇa gehört, werde ich ebenso nichts ohne Kṛṣṇas Erlaubnis benutzen. Das ist Rechtschaffenheit. Das ist Wissen. Wer das nicht versteht, ist entweder unwissend oder nicht bei rechtem Verstand. Die einen sind Verbrecher – Verbrecher sind generell nicht bei rechtem Verstand – und die anderen brechen die Gesetze aus Unwissenheit, weil sie die Gesetze einfach nicht kennen. Unwissenheit ist nicht Seligkeit. „Wo Nichtwissen Seligkeit, ist es Torheit, klug zu sein." Das ist das Problem. Die ganze Welt taumelt in Unwissenheit, und die Masse schätzt es nicht, wenn wir über Kṛṣṇa-Bewusstsein sprechen. Wenn ich sage: „Kṛṣṇa ist der Besitzer, nicht du!", dann ist niemand begeistert. (*Alle lachen.*) Wo Nichtwissen Seligkeit …

Man könnte natürlich sagen, dass unser Verkünden der Wahrheit eine Torheit sei. „Wo Nichtwissen Seligkeit, ist es Torheit, klug zu sein." Wir riskieren es, die Menschen zu verärgern. Sie halten uns für töricht. Wenn ich zu einem Reichen sage: „Du bist nicht der Besitzer. Kṛṣṇa ist der Besitzer. Was immer du an Geld hast, gib es für Kṛṣṇa aus", dann wird er ärgerlich werden. *Upadeśo hi murkhāṇāṁ prakopāya na śāntaye.* „Der Schurke wird ärgerlich, wenn er guten Rat bekommt." Deshalb gebe ich mich als Bettelmönch aus: „Gnädiger Herr, Sie sind sehr nobel. Ich bin ein Bettelmönch im *sannyāsa*-Stand und möchte einen Tempel bauen. Könnten Sie finanziell dazu beitragen?" Der Mann denkt: „Oh, hier ist ein Bettler. Ich sollte ihm etwas geben." (*Alle lachen.*) Aber wenn ich sage: „Gnädiger Herr, die Millionen, die Sie zur Verfügung haben, gehören ja eigentlich Kṛṣṇa. Sie sollten sie mir geben, weil ich ein Diener Kṛṣṇas bin", dann wird er mich davonjagen. (*Alle lachen.*) Wenn ich also als Bettler auftrete, wird er mir etwas geben, und wenn ich den tatsächlichen Sachverhalt erkläre, bekomme ich nichts. (*Alle lachen.*) Als Bettler sind wir erfolgreicher, obwohl wir keine Bettler sind. Wir sind Kṛṣṇas Diener. Für uns selbst wollen wir von niemandem etwas, denn wir wissen, dass Kṛṣṇa uns sowieso versorgen wird. Davon sind wir überzeugt.

Stellt euch ein Kleinkind vor, das sich einen Hundertdollarschein geschnappt hat. Um den Schein heil zurückzubekommen, müssen wir das Kind überlisten: „Du bist ja so lieb. Wenn du mir das Papier zurückgibst, bekommst du dieses Bonbon. Das Bonbon ist doch so viel besser als das Papier." Das Kind wird fröhlich zustimmen und den Hundertdollarschein gegen ein Bonbon eintauschen. Auf ähnliche Weise bitten wir die Leute, Beiträge zu leisten. Warum machen wir das so? Weil sie sonst Kṛṣṇas Geld nur für sich selbst benutzen und dafür zur Hölle gehen würden. Wir akzeptieren Geld von ihnen und beschäftigen sie so in der Bewegung für Kṛṣṇa-Bewusstsein.

Bob: Und durch diese Beiträge werden sie dann vom Höllendasein gerettet?

Śrīla Prabhupāda: Nein. In Wirklichkeit bist du es, der sie vor der Hölle rettet. Kṛṣṇa berücksichtigt selbst den geringsten Betrag, der für Ihn ausgegeben wurde: „Oh, dieser Mann hat einen Cent gegeben." Das nennt man *ajñāta-sukṛti,* eine spirituelle Tätigkeit, die man unbewusst ausführt. Die meisten Menschen sind sehr armselig in ihrem Denken. Deshalb bewegen sich die Gottgeweihten unter ihnen, um sie zu erleuchten und um ihnen eine Chance zu geben, etwas für Kṛṣṇa zu tun. Das ist die Pflicht des Wanderpredigers. Wenn man aber Geld von jemandem annimmt und es für seine eigene Sinnenbefriedigung benutzt, geht man zur Hölle. Dann ist man erledigt. Man ist ein Betrüger, ein Krimineller. Man darf von niemandem eine Spende annehmen, noch nicht mal einen kleinen Betrag, und sie für seine eigene Sinnenbefriedigung verwenden.

Bob: Ich muss oft an meine Bekannten denken, aber sie sind nicht Kṛṣṇa-bewusst.

Śrīla Prabhupāda: Kṛṣṇa ist Gott.

Bob: Na ja, sie sind auch nicht *Gott-bewusst,* aber sie sind zumindest so rechtschaffen, dass sie nicht auf Kosten anderer leben oder gar stehlen. Sie möchten aufrichtig sein.

Śrīla Prabhupāda: Sie leben vielleicht nicht auf Kosten anderer, aber sie leben mit Sicherheit auf Kosten Gottes.

Bob: Dann sind sie also nur halbgut?

Śrīla Prabhupāda: Sie sind gar nicht gut. Wenn sie nicht verstehen, dass Gott der Besitzer ist, können sie nicht gut sein.

Bob: Ich denke in erster Linie an die armen Leute, die sich ihr Geld und ihre Nahrung auf rechte Weise besorgen. Rundherum sind Diebe, aber sie bleiben standhaft und denken nicht ans Stehlen. Ich glaube, sie haben es verdient, dass ihnen etwas Gutes geschieht.

Śrīla Prabhupāda: Wenn man denkt, dass man nicht stiehlt, aber nicht weiß, dass alles Kṛṣṇa gehört, ist man trotzdem ein Dieb. Alles, was man annimmt, ist dennoch gestohlen.

Bob: Könnte man vielleicht sagen, dass sie eher unbedeutende Diebe sind?

Śrīla Prabhupāda: Selbst wenn du nicht weißt, dass dieser Schal hier mir gehört, bist du ein Dieb, wenn du ihn mir wegnimmst.

Bob: Aber wenn ich weiß, dass er dir gehört, und ich ihn trotzdem nehme, bin ich doch ein schlimmerer Dieb, als wenn ich nicht weiß, wem er gehört. Ich könnte ja vermuten, dass er niemandem gehört und dann nehme ich ihn einfach.

Śrīla Prabhupāda: Das ist trotzdem Diebstahl. Irgendjemandem muss der Schal ja gehören. Das heißt du nimmst ihn ohne Erlaubnis. Du weißt vielleicht nicht genau, wem der Schal gehört, aber du weißt zumindest, dass er *irgendjemandem* gehört. Manchmal sehen wir am Straßenrand gutes Material herumliegen, von der Straßenbaubehörde oder für Reparaturen der Stromleitungen. Was ist, wenn nun jemand denkt: „Oh, welches Glück ich habe. Hier liegt genau das Material, das ich brauche. Ich kann es bestimmt mitnehmen.“ Das ist doch Diebstahl, oder?

Bob: Ja, das ist Diebstahl.

Śrīla Prabhupāda: Er ist sich vielleicht nicht im Klaren darüber, dass es sich hier um Material einer Behörde handelt, aber wenn er es mitnimmt, ist er ein Dieb. Und wenn man ihn erwischt, wird er verhaftet und bestraft. So ist es mit allem, das man wegnimmt. Angenommen du trinkst einen Schluck Wasser aus einem Fluss. Ist es dein Fluss? Gehört er dir?

Bob: Nein.

Śrīla Prabhupāda: Somit handelt es sich um Diebstahl. Du hast den Fluss nicht geschaffen. Du weißt auch nicht, wem er gehört. Du weißt nur, dass er dir *nicht* gehört. Das Wasser, das du vom Fluss nimmst, ist also in gewisser Weise gestohlen. Du denkst: „Ich bin sehr rechtschaffen“, aber eigentlich bist du ein Dieb. Du solltest dich auf Kṛṣṇa besinnen. „Oh Kṛṣṇa, das ist Deine Schöpfung. Bitte erlaube mir zu trinken.“ Das ist Rechtschaffenheit. Die Gottgeweihten denken immer an Kṛṣṇa, bei allem, was sie tun. „Oh, das gehört Kṛṣṇa.“ Das ist Rechtschaffenheit. Ohne Kṛṣṇa-bewusst zu sein ist man ein Schurke, ein Dieb, ein Gauner, ein Räuber.

Unsere Schlussfolgerung lautet deshalb, dass man kein guter Mensch sein kann, solange man Kṛṣṇa nicht versteht. Man ist weder rechtschaffen, noch ist man gebildet. Man ist Pöbel. Wenn ich das sage, meine ich das nicht dogmatistisch. Es ist eine Tatsache. Verstehst du nun, was Wissen ist und was Rechtschaffenheit ist?

Bob: In gewisser Weise.

Śrīla Prabhupāda: Gibt es eine andere Weise? (*Bob lacht.*) Widerlege es. Fordere mich heraus! (*Bob lacht wieder. Śrīla Prabhupāda lacht ebenfalls.*) Hast du eine Alternative? Ich mache keine Behauptungen, die widerlegbar sind. Das ist zumindest meine Erfahrung. Ich fordere immer zu Argumenten auf: „Gibt es irgendwelche Fragen?“ Bislang hat mich Kṛṣṇa beschützt. Nach meinen Ansprachen bei riesigen Veranstaltungen, egal wo in der Welt, frage ich immer: „Gibt es irgendwelche Fragen?“

Bob: Ich habe im Moment keine.

Śrīla Prabhupāda: Als ich in London war, in der Conway Hall, habe ich zwölf Tage lang jeden Tag gesprochen, und nach jedem Vortrag sagte ich: „Gibt es irgendwelche Fragen?“

Bob: Gab es Fragen?

Śrīla Prabhupāda: Ja, aber viele waren dumm.

Bob: Das führt zur nächsten Frage. Was meinst du mit dumm?

Śrīla Prabhupāda: Wenn man nichts weiß, ist man dumm.

Ein indischer Besucher: Prabhupāda, ich habe eine Frage. Kann ich sie stellen?

Śrīla Prabhupāda: Ja.

Indischer Besucher: Vor einiger Zeit gab es in Kalkutta die „Woche zur Vermeidung der Tierquälerei“.

Śrīla Prabhupāda: Hm. Das ist auch eine Dummheit. Auf der einen Seite propagieren sie die Vermeidung von Tierquälerei, und auf der anderen betreiben sie Tausende von Schlachthöfen. Das ist doch ziemlich dumm. Ständig werden Tiere gequält, aber wir haben einen Verein zur Vermeidung der Tierquälerei geschaffen. Es ist so als würde sich eine Bande von Verbrechern „Gute Männer“ nennen.

Girirāja: Gestern hast du gesagt, dass der spirituelle Meister manchmal wegen der sündhaften Handlungen seiner Schüler leiden muss. Was sind diese sündhaften Handlungen?

Śrīla Prabhupāda: Das ist ganz einfach. Bei der Einweihung versprichst du: „Ich werde die regulierenden Prinzipien befolgen." Wenn du sie dann aber nicht einhältst, ist das sündhaft. Wenn du das Versprechen brichst und ganz schlimme Sachen machst, begehst du sündhafte Handlungen.

Girirāja: Es gibt aber auch Dinge, die uns zwar aufgetragen wurden, die wir aber noch nicht richtig ausführen können, obwohl wir es versuchen.

Śrīla Prabhupāda: Du versuchst es, aber du kannst nicht? Wie ist das zu verstehen?

Girirāja: Wir sollen zum Beispiel sehr aufmerksam „Hare Kṛṣṇa" chanten. Manchmal versuchen wir es, aber …

Śrīla Prabhupāda: Das ist kein Vergehen. Wenn du es wirklich versuchst, aber aufgrund deiner Unerfahrenheit scheiterst, ist das kein Vergehen. Hauptsache, du versuchst es. Es gibt da einen Vers im *Śrīmad-Bhāgavatam,* in dem erklärt wird, dass Kṛṣṇa dem Gottgeweihten verzeiht, der zwar sein Bestes versucht, aber aufgrund seiner Unfähigkeit manchmal scheitert. Und auch in der *Bhagavad-gītā* (9.30) heißt es: *api cet su-durācāro bhajate mam ananya-bhāk sādhur eva sa mantavyaḥ.* „Selbst wenn jemand die abscheulichsten Handlungen begeht, muss er, wenn er sich im hingebungsvollen Dienst betätigt, als Heiliger angesehen werden." Manchmal machen wir etwas ganz Dummes, ohne es wirklich zu wollen, einfach aufgrund unserer schlechten Angewohnheiten. Das heißt nicht unbedingt, dass wir nun eine schwere Verfehlung begangen haben. Wir sollten es bereuen und versuchen, es so weit wie möglich nicht wieder zu tun. Der Mensch ist ein Gewohnheitstier.

Manchmal ist *māyā,* trotz unserer Ernsthaftigkeit, so stark, dass wir ihr in die Falle gehen. Aber das kann verziehen werden. Kṛṣṇa ist verzeihend. Wenn man etwas absichtlich tut, wird es nicht verziehen. Ich darf nicht schlimme Sachen machen und denken: „Ich bin ein Gottgeweihter; ich chante; ich kann mir das leisten; das Chanten wird das schon auslöschen". Das wäre ein sehr großes Vergehen.

8

Fortschritt im Kṛṣṇa-Bewusstsein

(EIN BRIEFWECHSEL)

Springfield, New Jersey
12. Juni 1972

Lieber Prabhupāda!

Ich bringe Dir meine demütigen Ehrerbietungen dar.

Ich bin viel mit den Gottgeweihten des New Yorker Tempels zusammen gewesen und hoffe, durch die Gemeinschaft mit solch guten, fortgeschrittenen Gottgeweihten selbst ein wenig Fortschritt im Kṛṣṇa-Bewusstsein zu machen. Meine Verlobte kommt auch manchmal zum Tempel und chantet sogar ein wenig. Vor meinen Briefen aus Indien hatte sie noch nie vom Kṛṣṇa-Bewusstsein gehört. Atreya Ṛṣi hat uns freundlicherweise zu sich nach Hause eingeladen, um uns ein ideales Haushälterleben zu zeigen.

Als ich Ende April in Bombay war, um mein Ausscheiden aus dem Friedenskorps zu regeln, wurde ich krank. Ich musste zwei Wochen in Bombay bleiben, war aber eigentlich sehr glücklich darüber, denn ich konnte die Zeit mit den fortgeschrittenen und freundlichen Gottgeweihten in Juhu verbringen. Leider warst Du fünf Tage zuvor abgereist.

Ich verstehe noch so wenig, aber ich habe Vertrauen in den Vorgang des Kṛṣṇa-Bewusstseins und hoffe, mich mehr und mehr darin beschäftigen zu können.

Atreya Ṛṣi wird mir demnächst mehr Information über den Tempel in Los Angeles geben. Ich hoffe, dass ich an Deinen Vorlesungen in New York teilnehmen kann.

Vielen Dank für all die Freundlichkeit, die Du diesem *sehr* unwürdigen Jungen erwiesen hast.

Hochachtungsvoll
Bob Cohen

A. C. Bhaktivedanta Swami
ISKCON Los Angeles
16. Juni 1972

Bob Cohen
Springfield, New Jersey

Mein lieber Bob!

Bitte nimm meine Segnungen entgegen. Vielen Dank für Deinen Brief vom 12. Juni 1972. Ich habe Dein Empfinden mit großer Freude zur Kenntnis genommen und bin sehr froh darüber, dass

Du mit uns weiterhin Gemeinschaft pflegst. Ich weiß, dass Du ein sehr guter, intelligenter und anständiger Junge bist und bin sicher, dass Kṛṣṇa Dir umgehend Seine Segnungen erteilen wird und dass Du völlig glücklich im Kṛṣṇa-Bewusstsein sein wirst. Man erlangt Fortschritt im Kṛṣṇa-Bewusstsein, indem man freiwillig die Anhaftung an die materielle Natur, *māyā,* aufgibt. Solche Entsagung nennt man *tapasya*. Aber man will keine Entsagungen auf sich nehmen, ohne einen guten Grund dafür zu haben. Deshalb sollte jeder, der wie Du eine Neigung zur Wissenschaft und Philosophie hat, sich zuerst transzendentales Wissen aneignen. Durch dieses Wissen entsteht automatisch *tapasya*. Dann beginnt der wirkliche Fortschritt im spirituellen Leben. Der erste Schritt auf dem Weg zur Vervollkommnung des Lebens besteht also darin, sich Wissen anzueignen. Ich empfehle Dir deshalb, täglich meine Bücher zu lesen und sie häufig mit den Gottgeweihten im New Yorker Tempel zu diskutieren. Auf diese Weise wird sich die Überzeugung in Dir allmählich stärken, und Deine aufrichtige Haltung und Dein hingebungsvoller Dienst werden sich durch Fortschritt bemerkbar machen.

Ja, ein wenig Vertrauen in mich und den Vorgang des Kṛṣṇa-Bewusstseins ist ausreichend, um weise zu werden. Zuerst ein wenig Vertrauen, dann kommt das Verständnis. Und durch Dein wachsendes Verständnis wird sich Deine Aversion gegen das Trugbild der täuschenden Energie vergößern. Wenn Du dann freiwillig Deine Verstrickungen in der materiellen Welt aufgibst, ist Dein Fortschritt gesichert.

So weit ich weiß, werden die Aufzeichnungen unserer Gespräche in Māyāpur gerade abgetippt, damit sie als Buch herausgegeben werden können. Das Buch wird „Vollkommene Fragen, vollkommene Antworten" heißen. Sobald die Bücher lieferbereit sind, werde ich Dir ein Exemplar schicken. Demnächst werde ich nach London reisen, um am Ratha-yātrā-Festival teilzunehmen und in New York zwei, drei Tage Zwischenstopp machen. Es ist noch nicht ganz sicher, wann ich in New York ankommen werde, aber es wird irgendwann Anfang Juli sein. Bali Mardana kann Dir das genaue Datum geben. Am besten Du bleibst in Kontakt mit ihm. Ich würde mich sehr freuen, wenn wir uns in New York treffen könnten. Falls Du dann noch Fragen hast, können wir unsere Diskussion weiterführen.

Bleib gesund und alles Gute.

In Verbundenheit und mit den besten Wünschen
A. C. Bhaktivedanta Swami

9

Entscheidungen für die Zukunft

NEW YORK

4. JULI 1972

Bob: Dein Brief kam vor einer Woche an. Ich habe mich sehr darüber gefreut.

Śrīla Prabhupāda: Du bist ein intelligenter Junge. Versuche, diese Philosophie zu verstehen. Sie ist sehr wichtig. Die Menschen verschwenden so viel Energie für Sinnenbefriedigigung. Sie haben keine Ahnung, was im nächsten Leben auf sie zukommen wird. Das Leben nach dem Leben gibt es, aber die Menschen wissen nichts darüber. Unser jetziges Leben ist die Vorbereitung auf unser nächstes. Aber das weiß keiner. An den Schulen und selbst den Universitäten gibt es keine Information über diese Tatsache. Unser Körper ändert sich jeden Moment, das ist medizinisch bewiesen. Und wenn wir sterben, nehmen wir einen anderen Körper an. Aber wie geht das vor sich? Welche Art von Körper wird es sein? Es ist kein Geheimnis. Um Arzt oder Ingenieur zu werden, muss ich mich richtig ausbilden und meine Examensprüfungen bestehen. Genauso kann ich mich in diesem Leben auf das vorbereiten, was ich im nächsten Leben sein werde.

Barbara (*Bobs Frau*)**:** Können wir in diesem Leben entscheiden, was wir im nächsten Leben sein möchten?

Śrīla Prabhupāda: Ja, das kann man entscheiden. *Wir* haben uns dafür entschieden, im nächsten Leben zu Kṛṣṇa zu gehen. Unsere Entscheidung lautet: zurück nach Hause, zurück zu Gott! Wenn man Ingenieur oder Arzt werden möchte, konzentriert man sich auf dieses Ziel und bildet sich aus. Genauso kann man auch bestimmen, was man im nächsten Leben sein möchte. Aber wenn man sich jetzt *nicht* darauf vorbereitet, wird die materielle Natur diese Entscheidung treffen.

Barbara: Kann es sein, dass ich in meinem letzten Leben Kṛṣṇa-bewusst war? Ist es möglich, dass ich im letzten Leben ein Gottgeweihter war und nun zurückgekommen bin?

Śrīla Prabhupāda: Das ist nicht wichtig. Es kommt darauf an, dass du *jetzt* ein Gottgeweihter bist. Nutze die Möglichkeiten, die dir unsere Bewegung bietet. Wer völlig Kṛṣṇa-bewusst ist, kommt nicht zurück. Aber wenn es dennoch irgendwo ein bisschen fehlt, dann kann es sein, dass man zurückkommen muss. Aber selbst dann wird man in eine gute Familie geboren. *Śucīnāṁ śrīmatāṁ gehe yoga-bhraṣṭo 'bhijāyate.* „Der gescheiterte Yogi wird in einer Familie rechtschaffener Menschen oder in einer reichen, aristokratischen Familie geboren." Mit Hilfe der Intelligenz kann der Mensch über seine Zukunft entscheiden. Das Tier kann das nicht. Als Menschen haben wir Unterscheidungskraft. „Wenn ich das tue, wird es mir etwas bringen. Wenn ich jenes tue, wird es mir nichts bringen." Als Mensch haben wir diese Wahl. Aber wir sollten sie richtig gebrauchen. Wir sollten uns über das Ziel des Lebens bewusst sein und dementsprechend handeln. Das ist menschliches Leben.

Barbara: Hast du Kṛṣṇa gesehen?

Śrīla Prabhupāda: Ja.

Barbara: Du hast Ihn gesehen?

Śrīla Prabhupāda: Ja. Jeden Tag. Ständig.

Barbara: Aber nicht im materiellen Körper, oder?

Śrīla Prabhupāda: Er hat keinen materiellen Körper.

Barbara: Hier im Tempel gibt es Bilder von Kṛṣṇa.

Śrīla Prabhupāda: Sie sind nicht materiell. Du siehst Materie, weil du materielle Augen hast. Deshalb kannst du die spirituelle Form nicht sehen. Kṛṣṇa zeigt Sich nun gütigerweise in einem scheinbar materiellen Körper, damit du Ihn sehen kannst, aber das bedeutet nicht, dass Er einen materiellen Körper hat. Angenommen, der Präsident der Vereinigten Staaten kommt zu dir nach Hause. Das bedeutet nicht, dass du ihm gleichgestellt bist. Er kommt, weil er dir eine Freude bereiten möchte, er kommt aus Wohlwollen, aber das bedeutet nicht, dass ihr beide euch auf derselben Ebene befindet. Weil wir Kṛṣṇa mit unseren gegenwärtigen Augen nicht sehen können, erscheint Er vor uns in Form eines Gemäldes oder in einer Form aus Stein oder Holz. Weil alles Kṛṣṇa ist, ist Er nicht verschieden von diesen Gemälden oder dem Holz.

Barbara: Was geschieht mit meiner Seele, mit meinem Geist, nach dem Tod?

Śrīla Prabhupāda: Du bekommst einen neuen Körper.

Barbara: Sofort?

Śrīla Prabhupāda: Ja. Genau wie wenn du umziehst. Du bereitest die neue Wohnung vor, ziehst aus der alten aus und ziehst in die neue ein.

Barbara: Kann man wissen, welche Art von Körper man bekommen wird?

Śrīla Prabhupāda: Ja, aber nur, wenn man ausreichend qualifiziert ist. Wer qualifiziert ist, kann es wissen. Wenn du nicht genügend qualifiziert bist, werden die Vorkehrungen von der materiellen Natur getroffen. Das heißt, du hast dich nicht ausreichend auf dein nächstes Leben vorbereitet. In dem Fall wird deine Mentalität zum Zeitpunkt des Todes den neuen Körper bestimmen, und die materielle Natur wird diesen Körper dann bereitstellen.

Bob: Wenn Kṛṣṇa alles kontrolliert, wie kontrolliert Er dann die Nichtgottgeweihten?

Śrīla Prabhupāda: Durch *māyā*. Kṛṣṇa kontrolliert diese Welt so wie ein Präsident ein Land kontrolliert, oder ein König sein Reich, mit Hilfe von Ministern.

Bob: Und wie kontrolliert Kṛṣṇa einen Gottgeweihten?

Śrīla Prabhupāda: So wie du deine Lieben kontrollierst. Wenn du dein Kind liebst, passt du auf, dass ihm nichts geschieht. Wenn dein Kind dem Feuer zu nahe kommt, wirst du sofort reagieren: „Nein! Du wirst dich verbrennen!" Ein Kṛṣṇa-bewusster Mensch, ein Gottgeweihter, ist niemals fehlgeleitet. Er ist ständig unter Kṛṣṇas Aufsicht. Die Nichtgottgeweihten hingegen werden von *māyā* kontrolliert, und *māyā* wird sich um sie kümmern, wie du gesehen hast.

Bob: Ist der Zeitpunkt meines Todes bereits bei meiner Geburt vorausbestimmt? Mit anderen Worten, ist meine Lebensspanne vorgegeben?

Śrīla Prabhupāda: Ja.

Ein Gottgeweihter: Und ich kann das nicht ändern?

Śrīla Prabhupāda: Nein, du kannst es nicht ändern. Aber Kṛṣṇa kann.

Gottgeweihter: Ist ein unnatürlicher Tod, zum Beispiel Selbstmord, auch vorherbestimmt?

Śrīla Prabhupāda: Nein, er ist nicht vorherbestimmt. Dinge wie Selbstmord können wir tun, weil wir ein klein wenig Unabhängigkeit besitzen. Selbstmord zu begehen ist unnatürlich. Aufgrund unserer Unabhängigkeit können wir aber etwas von „natürlich" zu „unnatürlich" ändern. Der Gefangene kann das Gefängnis nicht auf natürliche Weise verlassen. Wenn er aber ausbricht und über die Mauer springt, also auf unnatürliche Weise seine Haftzeit verkürzen möchte, wird er gefangen und seine Haftzeit wird verlängert werden. Wir können nicht gegen unser Schicksal vorgehen. Wenn wir es dennoch versuchen, werden wir noch mehr leiden. Wenn wir allerdings Kṛṣṇa-bewusst sind, kann unser Schicksal von Kṛṣṇa geändert werden. Nicht von uns, aber von Kṛṣṇa. Kṛṣṇa sagt: *Ahaṁ tvāṁ sarva-pāpebhyo mokṣayiṣyāmi.* „Ich werde dich beschützen." Kṛṣṇa kann unser Schicksal ändern, zu unserem Schutz.

Es gibt zwei Kategorien von Menschen: Gottgeweihte und Nichtgottgeweihte. Der Nichtgottgeweihte wird von der materiellen Natur gelenkt, und der Gottgeweihte steht unter der persönlichen Leitung Kṛṣṇas. In einem großen Unternehmen gibt es viele Angestellte, aber sie werden nicht vom Chef persönlich geleitet. Er kontrolliert sie durch ein System von Abteilungsleitern. Derselbe Chef leitet aber seine Kinder zu Hause ganz persönlich. In beiden Situationen ist er der Leiter, einmal direkt und einmal indirekt.

Ebenso ist Gott immer der Leiter. Der Gottgeweihte wird von Gott geleitet, und der Nichtgottgeweihte von einem Vertreter

Gottes, nämlich *māyā*. Wir werden immer von jemandem geleitet. Als Amerikaner untersteht man den amerikanischen Behörden. Wer sich richtig verhält, untersteht den Sozialbehörden, und wer sich nicht richtig verhält, untersteht der Kriminalbehörde. Man kann nicht sagen: „Ich unterstehe niemandem". Das ist unmöglich. Jeder hat jemanden über sich. Wer sagt: „Ich habe niemanden über mir", ist verrückt.

Man wird entweder direkt von Gott gelenkt oder von *māyā*. Wenn man sich für die Herrschaft *māyās* entscheidet, verschwendet man sein Leben, das heißt, man verbleibt im materiellen Dasein und wechselt seinen Körper, eine Geburt nach der anderen. Wenn man sich aber für die Führung Gottes entscheidet, kehrt man nach diesem Leben zurück nach Hause, zurück zu Gott. Dann hat man sein Leben zum Erfolg gebracht. Es ist nicht möglich, so zu leben, dass man von niemandem geleitet wird. Das geht nicht.

Wer intelligent ist, entscheidet sich für die Leitung Kṛṣṇas. In der *Bhagavad-gītā* erklärt Kṛṣṇa: *bahūnāṁ janmanām ante jñānavān māṁ prapadyate.* „Wer nach vielen Geburten und Toden tatsächlich in Wissen gründet, ergibt sich Mir." *Vāsudevaḥ sarvam iti.* Der intelligente Mensch denkt: „Kṛṣṇa, Du bist die Gesamtheit. Ich bin nun zu Dir gekommen. Bitte nimm mich an. Ich bin Dir jetzt völlig hingegeben. Bitte leite mich. Ich habe mich so lange erfolglos von meinen ungebändigten Sinnen leiten lassen. Unter ihrer Führung habe ich der Familie, der Gesellschaft, der Nation, ja selbst meinem Hund gedient. Aber nichts hat mir Zufriedenheit verschafft. Endlich fand ich zu Dir. Bitte leite mich. Statt meinem Hund zu folgen folge ich nun der Führung Gottes." Das ist Kṛṣṇa-Bewusstsein.

Hast du schon einmal darüber nachgedacht, wie die Menschen eigentlich von ihren Hunden kontrolliert werden? Der Hund stoppt, weil er sein Geschäft verrichten will, und das Herrchen muss daneben stehen und warten. Ist es nicht so? Während der

Hund seinen Darm entleert, denkt das Herrchen: „Ich bin der Herr." Aber in Wirklichkeit dient das Herrchen dem Hund. Das nennt man *māyā*, Illusion.

Bob: Du hast recht.

Śrīla Prabhupāda: Genau wie der Mann mit dem Hund denkt auch jeder Mann in seinem Heim: „Ich bin der Herr". In Wirklichkeit wird er aber von seiner Frau, den Kindern, den Dienern, von allen möglichen kontrolliert. Dennoch denkt er: „Ich bin der Herr im Haus". Präsident Nixon denkt, er sei der Herr der Nation, aber auch er untersteht der Kontrolle anderer. Er könnte auf der Stelle von der Öffentlichkeit, also von seinen Untergebenen, entlassen werden. Im nächsten Wahlkampf wird er wieder verkünden: „Ich werde nur das Beste für euch tun", und „Ich bin der Beste für das Amt". Dann werden ihn die Leute vielleicht wiederwählen. „In Ordnung, er kann Präsident sein." Und er hat für sich geworben: „Wählt mich wieder! Wählt mich wieder!" Das alleine zeigt schon, dass er nicht die volle Kontrolle hat. Trotzdem denkt er: „Ich bin der Chef." Das ist Illusion, das ist *māyā*. Wenn man unter der Kontrolle *māyās* steht, hält man sich für den Meister, obwohl man ein Diener ist. Ein Gottgeweihter denkt niemals: „Ich bin der Meister". Er denkt immer „Ich bin ein Diener Kṛṣṇas". Das ist *mukti*, Befreiung. Der Gottgeweihte steht nicht unter dem Einfluss falscher Auffassungen. Er kennt seine Stellung: *svarūpeṇa vyavasthitiḥ*. *Mukti*, Befreiung, bedeutet, sich als Diener Kṛṣṇas in seiner ursprünglichen wesensgemäßen Stellung zu befinden. Zu verstehen, dass ich ein Diener Kṛṣṇas bin, ist meine Befreiung. Wenn ich mich aber als Meister sehe, so ist das Knechtschaft. Das ist der Unterschied zwischen bedingtem und befreitem Leben.

Die Kṛṣṇa-bewussten Geweihten sehen sich immer als Diener Kṛṣṇas. Deshalb befinden sie sich auf der befreiten Stufe. Sie bemühen sich nicht speziell um Befreiung. Sie sind befreit, weil sie in ihrer ursprünglichen wesensgemäßen Stellung situiert sind.

Bob: Prabhupāda, es gibt religiöse Menschen, die behaupten, dass sie von Jesus geführt werden. Kann das sein?

Śrīla Prabhupāda: Ja, aber sie nehmen die Führung nicht an. Jesus wendet sich an die Christen und sagt ihnen: „Ihr sollt nicht töten", aber sie töten ständig. Das heißt, sie akzeptieren Jesus nicht als ihren Führer. Was bringt es schon, wenn man sagt: „Ich werde von Jesus Christus geleitet, aber ich kümmere mich nicht um seine Worte." Was hat das mit Führung zu tun? Keiner von ihnen wird von Jesus Christus geleitet. Dieser Anspruch ist falsch. Es ist sehr schwer, jemanden zu finden, der tatsächlich von Jesus geführt wird.

Man kann sich von Jesus leiten lassen. Das Problem ist, dass sich niemand genügend um ihn kümmert. Jesus wird als Vertragspartner benutzt, der alle Sünden auf sich nehmen soll. Das ist die Philosophie. Die Christen begehen Unmengen von Sünden und der arme Jesus soll die Verantwortung dafür übernehmen. Das ist die christliche Religion, und die Anhänger verkünden: „Wir haben eine sehr gute Religion. Jesus Christus ist für unsere Sünden gestorben." Ist das eine gute Religion? Da ist kein Mitgefühl für Jesus Christus. Gäbe es Mitgefühl, würden sie denken: „Er starb für unsere Sünden. Wir sollten aufhören, Sünden zu begehen. Er hat sein Leben für unsere Sünden geopfert. Von jetzt an sollten wir uns von ihm leiten lassen." Aber das Ganze wird umgedreht: „Wir werden weiterhin Sünden begehen, denn Jesus hat uns ja versprochen, dass er alle unsere Sünden auf sich nehmen würde. Wir gehen einfach zur Kirche und beichten, und dann können wir mit unserem Unsinn weitermachen." Ist das eine vernünftige Haltung?

Bob: Nein.

Śrīla Prabhupāda: Jemand, der sich tatsächlich von Jesus Christus führen lässt, erlangt Befreiung. Aber es ist sehr schwer, solch einen echten Nachfolger zu finden.

Bob: Vielleicht die sogenannten Jesus Freaks? Sie lesen sehr viel in der Bibel.

Śrīla Prabhupāda: In der Bibel wird Gewaltlosigkeit verkündet. Warum töten sie, wenn sie der Bibel folgen?

Bob: Sie behaupten, Jesus hätte laut Bibel Fleisch gegessen.

Śrīla Prabhupāda: Vielleicht hat er. Er ist ermächtigt. Er könnte alles essen. Aber dennoch sagte er: „Ihr sollt nicht töten. Ihr sollt aufhören zu töten." Er ist ermächtigt und könnte die ganze Welt verschlingen. Aber du kannst dich nicht mit Jesus Christus vergleichen. Du solltest seine Anweisungen befolgen anstatt ihn nachzuahmen. Dann wirst du von ihm geführt. Dann bist du gehorsam. Im *Bhāgavatam* wird erklärt, dass ein *īśvara* ermächtigt ist, alles Mögliche zu tun, aber dass wir ihn nicht nachahmen, sondern seinen Anweisungen folgen sollen.

Selbst wenn Jesus Fleisch gegessen hätte, wissen wir nicht, unter welchen Umständen. Er gebietet uns, nicht zu töten, und dennoch soll er Fleisch gegessen haben? Glaubst du, dass Jesus so inkonsequent war?

Bob: Nein.

Śrīla Prabhupāda: Das kann nicht sein. Wenn man wirkliches Vertrauen in ihn hat, glaubt man nicht an solche Widersprüche. Warum hätte er Fleisch gegessen? Und selbst wenn, dann hätte er bestimmt einen Grund dafür gehabt. Die Hauptsache ist aber, dass er uns aufgefordert hat, nicht zu töten. Das ist seine Anweisung, und wir sollten sie befolgen. Das ist der Vorgang. Du bist nicht Jesus. Du kannst ihn nicht einfach imitieren. Er hat sein Leben für Gott geopfert. Bist du bereit, deins zu opfern? Warum ahmst du Jesus nach und isst Fleisch? Warum ahmst du nicht Jesus nach, indem du dein Leben opferst, um Gottesbewusstsein zu verbreiten? Du bezeichnest dich als Christ, aber was machst du für Gott? Denke an die Sonne und wie sie Urin neutralisiert. Kannst du das machen? Um die Sonne nachzuahmen, solltest du auch lernen, Urin zu neutralisieren. Jesus ist ermächtigt. Er kann alles tun. Aber wir sollten ihn nicht imitieren. Wir sollen seine Anweisungen befolgen. Das ist echtes Christentum. Es ist nicht richtig, einen ermächtigten Menschen nachzuahmen.

In den vedischen Schriften wird ein Meer beschrieben, das aus Gift bestand. Niemand wusste damit umzugehen. Darauf sagte Śiva: „Ich bin bereit, es auszutrinken." Er trank also das gesamte giftige Meer und behielt es in seiner Kehle. Kannst du Gift trinken? Nicht ein ganzes Meer, nur einen Becher? Śiva hat uns nicht aufgetragen, Gift zu nehmen. Anstatt ihn nachzuahmen, wäre es besser, seinen Anweisungen zu folgen. Die LSD- und Marihuana-Leute sagen, Śiva hätte *gañja,* Haschisch, geraucht. Aber Śiva hat auch ein Giftmeer getrunken. Kannst du das tun?

Wir sollten Śivas Anweisungen folgen, nicht seinem *gañja*-Rauchen. Als Pārvatī ihn fragte, was die beste Art der Verehrung sei, sagte er: *viṣṇor ārādhanaṁ param.* „Die beste Verehrung ist die Verehrung Viṣṇus, Kṛṣṇas." Obwohl es viele Halbgötter gibt, die man verehren könnte, bezeichnete er die Verehrung Viṣṇus als die beste. Und noch besser, so sagte er, sei es, einen Vaiṣṇava zu verehren. Das genaue Wort, das er benutzte, war *tadīyānām,* "Menschen, die eine Beziehung mit Viṣṇu haben". Wir verehren zum Beispiel die Tulasī-Pflanze. Wir verehren nicht alle Pflanzen, aber weil die Tulasī-Pflanze sehr eng mit Kṛṣṇa, Viṣṇu, verbunden ist, verehren wir sie. Dinge zu verehren, die sehr eng mit Kṛṣṇa verbunden sind, ist besser als Viṣṇu zu verehren.

Bob: Warum ist das so?

Śrīla Prabhupāda: Weil es Kṛṣṇa Freude bereitet. Angenommen, du hast einen Hund, und deine Freunde kommen und streicheln ihn. „Ach, was für einen lieben Hund du hast." (*Alle lachen, während Śrīla Prabhupāda weitausholende Streichelbewegungen macht.*) Du freust dich natürlich darüber und denkst: „Mein Freund ist ein wirklich guter Freund." (*Indische Gäste betreten das Zimmer.*)

Bitte nehmt etwas *prasāda*.

(*Śrīla Prabhupāda spricht nun mit den Gästen, manchmal auf Englisch und manchmal auf Hindi. Es ist sein letzter Tag in New York und sein Flugzeug nach London geht in wenigen Stunden. Bob hat einen Wagen besorgt, um Śrīla Prabhupāda zum John F. Kennedy-Flughafen zu bringen. Die Gottgeweihten laufen leise herum, bringen Gepäck zum Wagen, ordnen die neuesten Manuskripte von Śrīla Prabhupādas Übersetzungsarbeit und treffen andere letzte Vorbereitungen.*)

Śyāmasundara: Alles ist bereit, Śrīla Prabhupāda. Der Wagen wartet auf uns.

Śrīla Prabhupāda: Gut. Wir können gehen. Hare Kṛṣṇa!

Nachtrag

Śrīla Prabhupāda empfahl mir, die *Bhagavad-gītā* und den Vorgang des *bhakti-yoga* ernsthaft zu studieren, was ich mir dann die nächsten vier Jahre, also von 1972 bis 1976, sehr zu Herzen genommen habe. Er schlug vor, dass ich auch weiterhin Fragen stellen und mich mit anderen Gottgeweihten über den *Bhakti*-Pfad austauschen sollte.

Obwohl ich sehr eifrig war, den hingebungsvollen Geschmack, den ich bei seinen Schülern gesehen hatte, zu entwickeln, hatte ich mich dennoch für ein etwas langsameres, aber sorgfältiges und wohlüberlegtes Studium des *bhakti-yoga* entschlossen. Als Wissenschaftler untersuchte ich zuallererst die Epistemologie der *Bhagavad-gītā*.

Die „Wissenschaft" des *bhakti-yoga* besitzt ihre eigenen Hilfsmittel und Methoden, um transzendentale Themen zu verstehen. Ich spürte, dass es notwendig war, meine Skepsis zumindest so weit zur Seite zu legen, dass ich mit den Hilfsmitteln, einschließlich dem meditativen Chanten und Hören über Kṛṣṇa, experimentieren könnte. Śrīla Prabhupāda hatte mich ausreichend überzeugt, diesen wichtigen ersten Schritt zu tun, und meine eigenen Erfahrungen, die gegen alle Erwartungen sehr angenehm waren, überzeugten mich, damit fortzufahren.

Am 19. Juli 1976, etwa vier Jahre nach meinen Gesprächen mit Śrīla Prabhupāda, nahm Śrīla Prabhupāda meine Frau und mich als seine Schüler an. Nach alter Vaiṣṇava-Tradition weihte er uns als Bhakti Devī Dāsī und Brahmatīrtha Dāsa ein. Wir bekamen also Namen, die darauf hinwiesen, dass wir *sādhakas* geworden waren, ernsthafte Anwärter auf dem spirituellen Weg.

Mein Abenteuer mit Kṛṣṇa begann im Jahre 1972. Seitdem habe ich immer versucht, mein inneres Leben mit meinen äußeren Verpflichtungen in Balance zu halten. Die liebevolle Unterstützung meiner Frau und der Rat vieler Freunde, die Kṛṣṇa-Bewusstsein erfolgreich praktizieren, haben mir geholfen, mich in den Grundsätzen der *Bhagavad-gītā* zu festigen.

Das Wort Yoga bedeutet „sich verbinden". Wir sollten uns mit der inneren Stimme, der höheren Stimme, die im Sanskrit als *Paramātmā* bezeichnet wird, intuitiv verbinden. Diese Verbindung, die mir in allen Lebensbereichen Kraft gegeben hat, besteht aus philosophischem Verständnis, dem Chanten von „Hare Kṛṣṇa" und dem System der *Bhagavad-gītā,* Intuition anhand verlässlicher äußerer Quellen nachzuprüfen.

Während ich meine Karriere als Wissenschaftler und Berater aufbaute, praktizierte ich *bhakti-yoga* in der von Śrīla Prabhupāda gegründeten Internationalen Gesellschaft für Krishna-Bewusstsein. Mein Aufgabenbereich innerhalb der Bewegung umfasste die Leitung einer Grundschule, die Veröffentlichung von Büchern und die Förderung des akademischen Studiums der Grundsätze des *bhakti-yoga*. Mein Verständnis des *bhakti-yoga* hat sich durch diese Dienste vertieft und bereichert, und es hat nicht aufgehört zu wachsen, seit Śrīla Prabhupāda vor dreiunddreißig Jahren meine unbeholfenen Fragen so vollkommen beantwortet hatte.

Brahmatīrtha Dāsa (Bob Cohen)
24. Juni 2005
Gainesville, Florida

Anhang

His Divine Grace A. C. Bhaktivedanta Swami Prabhupāda

His Divine Grace A. C. Bhaktivedanta Swami Prabhupāda erschien in dieser Welt im Jahre 1896 in Kalkutta, wo er 1922 zum ersten Mal seinem spirituellen Meister Śrīla Bhaktisiddhānta Sarasvatī Gosvāmī begegnete. Bhaktisiddhānta Sarasvatī, ein bekannter, gottergebener Gelehrter und Gründer von 64 vedischen Instituten, die als Gauḍīya Maṭhas bekannt wurden, fand Gefallen an dem gebildeten jungen Mann und überzeugte ihn, sein Leben der Lehre vedischen Wissens zu widmen. Śrīla Prabhupāda wurde sein Schüler und empfing 1933 die formelle Einweihung.

Śrīla Bhaktisiddhānta Sarasvatī bat Śrīla Prabhupāda bereits bei ihrer ersten Begegnung, das vedische Wissen in englischer Sprache zu verbreiten. In den darauffolgenden Jahren verfasste Śrīla Prabhupāda einen Kommentar zur *Bhagavad-gītā* und unterstützte die Bewegung seines spirituellen Meisters in ihrer Mission. 1944 gründete er das *Back to Godhead,* ein vierzehntägliches Magazin in englischer Sprache, welches er eigenhändig verfasste, produzierte, finanzierte und verteilte. Dieses Magazin wird heute von seinen Schülern weitergeführt und in vielen Sprachen veröffentlicht.

Als Anerkennung für Śrīla Prabhupādas philosophische Gelehrtheit und Hingabe ehrte ihn die Gauḍīya-Vaiṣṇava-Gesellschaft 1947 mit dem Titel „Bhaktivedanta". Im Jahre 1950 zog sich Śrīla Prabhupāda aus dem Familienleben zurück. Vier Jahre später trat er in den *vanaprastha*-Stand (Leben in Zurückgezogenheit) ein, um seinen Studien und seiner Schreibtätigkeit mehr Zeit widmen zu können. Bald danach begab er sich zu dem heiligen Ort Vṛndāvana in der Nähe von Agra, wo er unter bescheidensten Verhältnissen im mittelalterlichen Rādhā-Dāmodara-Tempel lebte. Dort verbrachte er mehrere Jahre mit eingehenden Studien und dem Schreiben. 1959 trat er in den Lebensstand der Entsagung (*sannyāsa*) ein. Im Rādhā-Dāmodara-Tempel begann er mit der Arbeit an seinem Lebenswerk – einer vielbändigen, kommentierten Übersetzung des achtzehntausend Verse umfassenden *Śrīmad-Bhāgavatam* (*Bhāgavata Purāṇa*). Dort entstand auch das Buch *Easy Journey to Other Planets.*

Nachdem er drei Bände des *Śrīmad-Bhāgavatam* veröffentlicht hatte, reiste er 1965 in die USA, um die Mission seines spirituellen Meisters zu erfüllen. In der Folge schrieb er mehr als 50 Bände autoritativer, kommentierter Übersetzungen und zusammenfassender Studien der wichtigsten philosophischen und religiösen Klassiker Indiens.

Als Śrīla Prabhupāda per Frachtschiff im Hafen von New York ankam, war er so gut wie mittellos. Erst im Juli 1966, nach fast einem Jahr voller Schwierigkeiten, gründete er die Internationale Gesellschaft für Krishna-Bewusstsein (ISKCON). Bis zu seinem Verscheiden am 14. November 1977 leitete er die Gesellschaft persönlich und konnte miterleben, wie sie sich zu einer weltweiten Bewegung mit über einhundert *āśramas,* Schulen, Tempeln und Farmgemeinschaften entwickelte.

1972 führte Śrīla Prabhupāda mit der Gründung einer *gurukula*-Schule in Dallas die vedische Pädagogik für das Grund- und Mittelstufenschulwesen in der westlichen Welt ein.

Auch in Indien veranlasste Śrīla Prabhupāda den Aufbau verschiedener internationaler, kultureller Zentren. In Māyāpur in Westbengalen bauen die Gottgeweihten nun eine spirituelle Stadt am Ganges, die um einen großen Tempel angelegt ist; ein ambitioniertes Projekt, dessen Fertigstellung noch mehrere Jahre in Anspruch nehmen wird. In Vṛndāvana im Norden Indiens gibt es den prächtigen und vielbesuchten Krishna-Balarama-Tempel sowie ein internationales Gästehaus, eine *gurukula*-Schule, Śrīla Prabhupādas Mausoleum und ein Museum. Auch in Mumbai, Delhi, Tirupati, Ahmedabad, Siliguri, Ujjain und vielen anderen indischen Orten gibt es Tempel, kulturelle Zentren und Farmgemeinschaften, die von Śrīla Prabhupāda geplant wurden.

Śrīla Prabhupādas wichtigster Beitrag sind jedoch seine Bücher. Von Gelehrten wegen ihrer Autorität, Tiefe und Klarheit geschätzt, werden sie als Lehrbücher in zahlreichen Universitäten und Seminaren benutzt. Seine Werke wurden bereits in über 80 Sprachen übersetzt. Die *Bhagavad-gītā wie sie ist* ist mittlerweile in 59 Sprachen erhältlich. Der von Śrīla Prabhupāda im Jahre 1972 gegründete Bhaktivedanta Book Trust (BBT) hat sich zum weltweit größten Verlag für religiöse und philosophische Literatur Indiens entwickelt.

Anleitung zur Aussprache des Sanskrit

Die in Indien geläufigste Schreibweise des Sanskrit wird *devanāgarī* genannt. Das *devanāgarī*-Alphabet besteht aus 48 Buchstaben, nämlich 13 Vokalen und 35 Konsonanten, und wurde nach präzisen linguistischen Prinzipien zusammengestellt. Die im vorliegenden Buch verwendete Schreibweise entspricht dem international anerkannten System der Sanskritumschrift.

Der kurze Vokal **a** wird wie das **a** in h**a**t ausgesprochen; das lange **ā** wie das **a** in h**a**ben und das kurze **i** wie das **i** in r**i**tten. Das lange **ī** wird wie das **i** in B**i**bel ausgesprochen, das kurze **u** wie das **u** in B**u**tter und das lange **ū** wie das **u** in H**u**t. Der Vokal **ṛ** wird wie das **ri** in **ri**nnen ausgesprochen. Der Vokal **e** wird wie das **e** in **e**wig ausgesprochen; **ai** wie in w**ei**se; **o** wie in h**o**ch und **au** wie in H**au**s. Der *anusvāra* (**ṁ**), ein reiner Nasallaut, wird wie das **n** im franz. bo**n** ausgesprochen, und der *visarga* (**ḥ**), der ein starker Hauchlaut ist, wird am Zeilenende mit Wiederholung des vorangegangenen Vokals ausgesprochen. So wird also **aḥ** wie **aha** ausgesprochen und **iḥ** wie **ihi**.

Die gutturalen Konsonanten – **k, kh, g, gh** und **ṅ** – werden in ähnlicher Weise wie die deutschen Kehllaute gebildet. **K** wird ausgesprochen wie in **k**ann, **kh** wie in Ec**kh**art, **g** wie in **g**eben, **gh** wie in we**gh**olen und **ṅ** wie in si**ng**en. Die Gaumenlaute – **c, ch, j, jh** und **ñ** – werden vom Gaumen aus mit der Mitte der Zunge gebildet. **C** wird ausgesprochen wie das **tsch** in **Tsch**eche, **ch** wie im engl. staun**ch-h**eart, **j** wie das **dsch** in **Dsch**ungel, **jh** wie im engl. he**dge-h**og und **ñ** wie in Ca**ñ**on. Die dentalen Konsonanten – **t, th, d, dh** und **n** – werden gebildet, indem man die Zungenspitze gegen die Zähne drückt. **T** wird ausgesprochen wie in **T**al, **th** wie in Sanf**th**eit, **d** wie in **d**ann, **dh** wie in Sü**dh**älfte und **n** wie in **N**atter. Die zerebralen Konsonanten – **ṭ, ṭh, ḍ, ḍh** und **ṇ** – werden in gleicher Weise gebildet wie die dentalen, aber bei ihnen berührt die Zungenspitze den oberen Gaumen. Die labialen Konsonanten – **p, ph, b, bh** und **m** – werden mit den Lippen gebildet. **P** wird ausgesprochen wie in **P**astor, **ph** wie im engl. u**ph**ill, **b** wie in **B**all, **bh** wie in Gro**bh**eit und **m** wie in **M**alz.

Die Halbvokale – **y, r, l** und **v** – werden ausgesprochen wie in **Y**oga, **R**avioli (wie das italienische r), **l**achen, **V**ene.

Die Zischlaute – **ś, ṣ** und **s** – werden ausgesprochen wie in i**ch, sch**ön und fa**s**ten. Der Buchstabe **h** wird ausgesprochen wie in **h**elfen.